Moshe A. Milevsky, Ph.D.
Are You a Stock or a Bond?
Identify Your Own Human Capital
for a Secure Financial Future,
Updated and Revised

人生100年時代の資産管理術

リタイア後のリスクに備える

モシェ・ミレブスキー [著]

鳥海智絵 [監訳] 野村證券ゴールベース研究会 [訳]

日本経済新聞出版社

Authorized translation from the English language edition, entitled
ARE YOU A STOCK OR A BOND?:
IDENTIFY YOUR OWN HUMAN CAPITAL
FOR A SECURE FINANCIAL FUTURE,
UPDATED AND REVISED, 1ST Edition,
by MILEVSKY MOSHE A.,
published by Pearson Education, Inc.,
Copyright ©2013.by Pearson Education Inc.,
All rights reserved.
No part of this book maybe reproduced or transmitted
in any form or by any means,
electronic or mechanical, including photocopying, recording
or by any information storage retrieval system,
without permission from Pearson Education, Inc.

JAPANESE language edition published by NIKKEI PUBLISHING INC.,
Copyright ©Nikkei Publishing Inc.,2018.

Japanese translation rights arranged
with PEARSON EDUCATION, INC.,
through TUTTLE-MORI AGENCY INC.,
CHIYODA-KU, TOKYO, JAPAN.

はじめに——あなたはどれだけのリスクを抱えているのか？

　よほどのことがなければ、私は飛行機の中では誰にも話しかけず、仕事のことを考えたり、メールを読んだり、書類を記入したりしている。しかし、ダラスからボストンに向かうフライトで、隣に座った魅力的な女性が、私が読んでいる論文について話しかけてきたので、ずっと従ってきた慣習を破ることにした。

　その女性はキンバリーという名前で、自分のことをキムと呼んでほしいと言った。キムは東海岸に本社がある有名な金融機関の面接に向かうところだった。だがそこは彼女にとってまったく新しい分野であり、金融業界に関する経験や知識を十分持っていなかったため、彼女は面接について、かなり不安を抱えていた。大学で金融分野を教えている私にとって、金融業界のちょっとした話題やトレンドを話してあげるのは楽しく、また簡単なことであった。

　おしゃべりするうちに、海外からくる安価な労働力と製品のせいで、彼女はダラス近辺の中堅メーカーでの職を失ったばかりであり、心機一転、まったく違う分野でやってみようとしていることが分かってきた。ある種のソフトウェア・プログラムについて、彼女は幅広い経験や知識を持っていたが、彼女がこの10年を過ごした狭い製造業界の外ではほとんど役に立たないものだった。つまり、彼女は基本的にゼロからスタートしていた。

　キムにとって状況を悪くしたのは、彼女がダラスの会社に8年以上雇用されていたにもかかわらず、企業が提供する税制優遇の貯蓄プランであまり資産形成できていなかったことだ。その会社は伝統的な年金プランを提供していなかった。実際、401（k）としても知られる彼女の税制優遇の貯蓄口座では、ある1つの投信と自分が勤める会社の株式だけしか保有していなかった。この投

資先は両方ともここ数年パフォーマンスが悪く、口座の残高は、その口座に拠出してきた金額合計をかなり下回っていた。彼女がそれほど多くのお金を一つの株式に配分していた理由は、企業がマッチング拠出を行っていたからである。

彼女が給与から401（k）プランに100ドル拠出するごとに、その企業は50ドル分の自社株を拠出した。これによって、彼女は初日に50％の投資リターンを獲得し、そして税金は繰り延べられた。一見、これは非常に良い取引で、多くの企業が同じプランを提供していた。しかし不幸なことに、彼女の会社の株価はこの18カ月で60％以上も下がり、利益をほぼ帳消しにしてしまった。実のところ、彼女を含む1000人以上が解雇された日に、株価はさらに15％下がった。その会社が同時に大きなリストラを発表したからである。

彼女は非常に落ち着いて自身に起きたお金の不幸に対処しているようだったが、私は彼女をかわいそうに思った。彼女は本当に次の仕事、そしてボストンの金融業界で働く生活を始めることを楽しみにしていた。彼女は今の状態を、15年ほど前に大学を卒業して蓄えも仕事の経験も無く、クレジットカード負債がたくさんあった時を思い出すと言っていた。なんと前向きな態度なんだろう。

フライトは続き、会話が進む中で、彼女が最近離婚した話になった。夫も同じ会社を同じ日に一時解雇された。キムは何年か前に会社のピクニックで彼と初めて会ったという。2人には共通点がたくさんあった——同じ会社に勤め、仕事の先行きも同じということも。しかし、2人とも同時に失業したストレスと困窮が結婚生活に大打撃を与え、離婚手続きを進めながら、元の会社の近くにある住宅も売りに出すはめになった。

ついていないことに、不動産市場は彼女たちにとって優しくは

なかった。住宅の価値は、数年前に買った時より20%下がり、買い手がなかなか現れない。それはそうだろう。近所の人もまた最近一時解雇され、そして同じ時期に家を売ろうとしているのだから。

何とか銀行から借りている額と同じくらいの金額で家が売れれば、とキムは望んでいた。そうでなければ、破産を申し立てざるを得なくなる、あるいはさらに担保を取り上げられてしまう。キムと夫は住宅の購入資金を、変動金利のローンで賄っていたが、適用金利はつい最近上がったばかりだった。2年前に比べて、毎月の返済は倍になっていた。

ここまで聞いて、読者のみなさんは「もしや」と思ったかもしれないが、その通り。ボストンまでの機中で会ったキムの話はフィクションだ。しかし、実際には私が会っていない多くの「キム」がいるはずだ。問題点を整理するために、彼女とその憂鬱な人生をでっち上げてみた。仕事で成功し、素敵な家を持ち、そしてとても大きな401（k）口座を持っている多くの素敵な人が、キムになる運命にある。まだ知らないだけである。

これらの人は、人生のあまりに多くの「卵」を一つの籠に盛っている。ついていないことに、彼らは仕事、家、投資資産、そして結婚までも一つの経済セクター（という籠）に置いてきている。現代ポートフォリオ理論の最も重要なルール、つまりあなたのリスク要因を分散させよ、に反している。多くの人が、分散は自分が投資している株式や債券にだけ当てはまると誤解しているが、所得やキャッシュフローを生む可能性があるすべてに分散が当てはまるのが真実である。分散は、金融資産だけではなく、あなたの日々の生活の「株や債券」すべてに当てはめるべきなのだ。

今日の、変動が大きな経済環境、金融市場では、投資家は、自身の金融リスクに対する態度を、ご丁寧にも毎日見直しているの

が実情だ。株式市場が好調で、価格が上がっている間は、自分はリスク許容度が大きいと信じ、翌週、翌月、あるいは翌年に市場が急落すると、自分がリスク回避的で、変動にうまく対処できないと決めつけてしまう。彼らは投げ売り、キャッシュ化に走り、そして、市場タイミングを見誤る。金融リスクに対する彼らの態度は、市場自身より気まぐれであり、リスク回避は、強固な基盤のない、とらえどころのない気質になる。ゆえに、彼らのリスクに対する態度を聞くことには、ほとんど意味がない。昨日の市場、今日の雰囲気、そして明日の天気で変わるのだ。どうすれば、毎日変わる答えに基づいて、ものすごい額のお金についての意思決定ができるだろうか？

　この本では、金融リスクに対するアプローチは、その日の気分に左右される心のあり方によるべきではなく、あなたの個人のバランスシート全体の構成にもとづくべきだということを述べている。私が最も伝えたいのは、「あなた」が、自分の金融の状況に対して、もっと全体を見た、包括的なやり方を始めなければいけないということである。あなたの家、住む地域、仕事、結婚、そして健康さえも、個人のバランスシートにある他の資産や負債と一緒に扱い、分散しなければならない。本書で、私はなぜ包括的な分散がそれほど重要なのか、どうすればできるのかを説明する。

　昔は、株式や債券といった投資資産は、必須ではなく、おまけのようなものだった。投資口座は、リタイア後インカムの付け足し、あるいはちょっとした楽しみだった。今日、あなたの（かなり広い定義での）株式と債券は、この先20年、30年続く人生を支え、賄うための重要な資産になってきている。あなたは、自分自身のお金について、「今日はラッキーな気がするか？」ではなく、もっとしっかりした判断基準を持たなければならなくなったのだ。

なお、本書は2008年に刊行した初版を改訂したものだ（訳注：初版の日本語訳は刊行されていない）。2008年〜2009年の金融危機の後に現れた経済の現状をより反映するよう、初版にあった多くの表、図、グラフの更新・見直しを行った。2006年〜2007年という、金融危機前の比較的穏やかな時に書いた初版で明らかにしたリタイアメントの大きな流れ、すなわち、確定給付（DB）年金の減少、寿命の継続的な伸び、そして、個人のインフレリスクは、今も有効である。もし、金融危機が我々に教えてくれることがあるとすれば、お金は脆く、負債は注意して監視しなければならず、そして人的資本・金融資産・社会資本というすべての資産にまたがる分散が金銭面での将来を安定させ守るカギである、ということである。あなたは、自分で思っているよりも豊かなのだ。

謝　辞

　この本は、トロントにある個人金融・保険意思決定センター(IFIDセンター)とヨーク大学の主要メンバーの助けがなければ、調査・執筆できなかっただろう。まずは、さまざまな面から原稿の準備や編集を手伝ってくれたアンナ・アバイモワ、アレクサ・ブランド、ブランドン・ウォーカー、そしてウラド・キリチェンコに感謝したい。また、同僚、メンター、そして友人たち、トーマス・ソールズベリー、ホワシュン・ファン、クリス・ロビンソン、バージニア・ヤング、デイビッド・プロミスロウ、ペン・チェン、シド・ブラウン、スティーブン・ポスナー、そしてローウェル・アロノフにも感謝したい。彼らとは何年も、多くの議論や生産的な共同研究を行っている。ジル・ワインリッヒ、マイク・オルツァグ、そしてフランシス・ガデンヌには、研究活動の領域や視点を広げてくれる助けとなったことに感謝したい。ジム・ボイド、パウラ・ローウェル、デビー・ウィリアムス、モニカ・グルチェシャク、そしてヨハンナ・シャーリーには特に感謝をささげたい。また、マクスウェル・セレブリアンニもお世話になった。最後に、私を導いてくれたエドナ・ミレブスキー（私の妻）にありがとうを言いたい。彼女は原稿がきちんと英語になっているか慎重にチェックしてくれた。

日本語版の出版にあたり

　長寿・高齢化の時代を迎え、「期間×使うお金」で計算される「人生にかかるお金」は多くなってきています。一方で、年金制度不安、増税の流れの中で、個人の生活、特にリタイア後の生活を持続可能なものにするには、自助努力によって資産を蓄積し、そしてその資産をうまく活用していく必要があります。「投資から資産形成へ」の旗印のもと、iDeCoやつみたてNISAなど、個人が資産形成するための制度も整ってきています。

　ただ、「何を目標として」「どういう理屈に基づいて」「どうやって」資産を蓄積し、また取り崩していくか、という具体的な行動にかかわる知識やノウハウ、いわゆる「金融リテラシー」は、十分に研究されたり、広められたりしていません。

　本書は、「リタイア後の生活を支える」ということに焦点を当て、資産形成の考え方から、退職資産を守り、生かしていく方法までを具体的に紹介しています。「若いうちは、人的資本（＝働いて稼ぐ力）が最も大きな資産になる」「自分の資産をヘッジする方法」「リタイアには特有のリスクがある」「投信、年金保険、ローンなどをいかにうまく組み合わせて使うか」など、取り上げられているトピックスを簡単に紹介するだけでも本書の面白さ、有用さが伝わるのではないかと思います。

　著者は、長年リタイアメントやそれを支える保険商品などを研究してきた学者であり、単なる経験則からではなく、きちんとした理論的、実証的な学術研究に基づいた主張がなされています。より実践的な取り組みができるよう、米国で取り扱われている商品を念頭に置いて分析していますので、この本の内容をそのまま今の日本で実践することは難しいでしょう。しかし、ファイナン

シャル・プランニングにおいて金融理論や資産運用の重要性が十分認識されていない今の日本では、この本から基本的な考え方、リタイアに向けて本当に必要なものについての知識を得ることが、まず大切ではないでしょうか。個人個人が責任をもって自分の人生を設計し、長寿や経済変動に備えていくようになるに従い、この本の考え方はどんどん重要になっていくと思われます。

　社会や経済環境が変わっているだけでなく、個人の寿命も伸び、ニーズも変わっています。自助努力に求められる範囲も広がっています。顧客本位の業務運営が求められる中、野村證券では、個人に向けたコンサルティングをより良いものにするために、2016年5月に『ゴールベース資産管理入門』（チャック・ウィジャー／ダニエル・クロスビー著、日本経済新聞出版社）の翻訳を担当し、個人個人の将来の目標（ゴール）に向けて資産などを管理していくという考え方や枠組みを提案しています。本書は、これを一歩進め、ゴールの中で最も重要な「リタイア」に対して、より実践的な取り組み方を提示しています。高齢期の資産管理を研究する『金融ジェロントロジー』（清家篤編、東洋経済新報社、2017年4月刊）とともに、お客様のニーズに合わせた提案の枠組みから実践方法まで、一貫して理解していただけると幸いです。

　なお、本書の原題（Are You a Stock or a Bond?）をそのまま翻訳すると、「あなたは株ですか、債券ですか？」になります。これは、投資の好みや投資手法を指しているのではなく、「あなたの稼ぐ力（＝人的資本）が、株のような特徴を持っているのか、あるいは債券に似ているのかを知ったうえで、リタイアに向けて金融資産を管理・運用していこう」というこの本の主題の一つを端的に表したものです。本文中にも何カ所かこの表現が出てきます。原書のタイトルと合わせた著者のメッセージだと読み取

ってください。また、各章に、日本の読者に向けた説明・補足を追加しています。制度や商品の違いなど日米の違いも把握したうえで、本書の内容を理解する一助としてください。

【謝辞】

　本書は、多くの方のご支援・ご協力をいただいて翻訳・出版することができました。

　まずは、この本を手に取ってくださった読者の皆様に感謝します。理屈を踏まえ、きちんと準備し、合理的に行動していくことに賛同する人が増えることを期待します。

　次に、日本語版出版を快く許可してくれた著者のミレブスキー氏に感謝します。日本経済新聞出版社の赤木裕介氏には、日本語版の刊行にあたってご尽力いただきました。本書では年金、保険についての記述も多く、訳語については、公益財団法人 生命保険文化センターの『生命保険用語 英和・和英辞典』（オンライン）を参考にしました。

　この本の企画・翻訳・出版は、当社で長年コンサルティング営業推進に取り組んでいる商品企画部の中村陽一氏、金融工学の専門家であり日本における行動ファイナンス研究の草分けでもあるクオンツ・ソリューション・リサーチ部の大庭昭彦氏、および野村資本市場研究所の関雄太氏が中心となって進めました。そのほか多くの人のご尽力で本書が形になりました。この場を借りて御礼申し上げます。

　2018年5月

　　　　　　　　　　　　　　監訳者　野村證券専務執行役員
　　　　　　　　　　　　　　　　　　営業部門 企画統括
　　　　　　　　　　　　　　　　　　鳥海智絵

人生100年時代の資産管理術・目次

はじめに――あなたはどれだけのリスクを抱えているのか？ 3
謝辞 8
日本語版の出版にあたり 9

序章　米国の年金事情

年金は、正確にはどのように機能するのか？ 19
フロリダ年金実験 26
この本の概要 28
[日本の読者への補足説明] 32

第1章　「自分」株式会社

あなたの価値は？ 39
まとめ 59
[日本の読者への補足説明] 62

第2章　生命保険は人的資本をヘッジする

生きる確率と死ぬ確率 ……………………………………………… 67
生命保険のコスト ………………………………………………… 72
生命保険の必要額 ………………………………………………… 74
我々は生命の価値を評価できるか？ ……………………………… 77
生命保険の種類 …………………………………………………… 78
まとめ ……………………………………………………………… 84
[日本の読者への補足説明] ………………………………………… 86

第3章　時間と場所の分散

なぜ分散が機能するか …………………………………………… 89
リスクの分解：システマティックと非システマティック ……… 93
国際分散投資の重要性 …………………………………………… 96
相関：資産配分を後押しする魔法 ……………………………… 102
時間はどのようにリスクとボラティリティに影響するか …… 111
若いときはもっとリスクを取るべきか ………………………… 115
分散と金融危機 …………………………………………………… 118
まとめ ……………………………………………………………… 120
[日本の読者への補足説明] ……………………………………… 122

第4章　年齢と職業に応じた
　　　　ローンの勧め

レバレッジをかけることの良し悪しと危険性 ……………… 128
負債は良いものか？ ……………………………………… 136
すべてをうまくまとめる
　── 人的資本を含めた最適資産配分の例 ……………… 139
まとめ ……………………………………………………… 144
[日本の読者への補足説明] ………………………………… 146

第5章　個人のインフレと
　　　　リタイア後の生活費

基本に立ち返る：インフレの影響 ………………………… 150
まとめ ……………………………………………………… 159
[日本の読者への補足説明] ………………………………… 161

第6章　投資リターンの順序

リタイア後インカムの三角関数 …………………………… 167
統計的な観点 ……………………………………………… 175
プラシーボと蜃気楼 ……………………………………… 178
まとめ ……………………………………………………… 187

[日本の読者への補足説明] ………………………………………… 189

第7章　長生きは喜ぶべきことであると 同時に、リスクでもある

平均寿命には意味がない ……………………………………………… 193
人は長生きのオッズを過小評価しているか ……………………… 197
まとめ ……………………………………………………………………… 204
[日本の読者への補足説明] ………………………………………… 206

第8章　リスクある世界で リタイア後を過ごす

ニーズ分析の実施 ……………………………………………………… 211
まとめ ……………………………………………………………………… 226
[日本の読者への補足説明] ………………………………………… 228

第9章　個人年金

時代も商品も変わっている …………………………………………… 238
個人年金化の長所 ……………………………………………………… 240
個人年金化の短所 ……………………………………………………… 246

変額年金に関する私の調査の続き ················· 248
まとめ ················· 252
[日本の読者への補足説明] ················· 255

第10章 商品配分は新しい資産配分

商品配分入門 ················· 258
保証が人をさらに快適にさせる ················· 272
まとめ ················· 277
[日本の読者への補足説明] ················· 279

第11章 おわりに
——リタイアのリスクを管理するためのプラン

目標はリタイア後インカムの計画を立てることだ ················· 284
最後に：
あなた自身のバランスシートを作り、それを守ろう ················· 288

参考文献 ················· 294
索引 ················· 298

Introduction : Pensions are dying; Long live pensions

序章
米国の年金事情

「(略) 現時点で、労働者が長生きするリスクを企業が管理する唯一の方法は、リタイア後数年で死ぬように、厳しく労働させることである。が、この方法は、彼らを会社に引き留めておくには良い方法ではない。(略)」

フィナンシャル・タイムズ、社説、2006年9月30日

2010年5月25日火曜日、建設業界の雄、キャタピラー社が配信サービスや通常のビジネス・ルートを通じてプレスリリースを配布した。そこに書かれた短い声明文によれば、今後、米国内の役職員、非組合従業員には同社の従来の年金プランに加入する権利が与えられないという。キャタピラー社の従来の年金プランは、すべての非組合従業員に対して門戸を閉ざし、凍結されることになる。代わりに、キャタピラーの新規従業員には企業が提供する、より拡張された給与繰り延べの税制優遇貯蓄プランという選択肢が提示された。これは401（k）としても知られているものである。401（k）プランに加入する従業員は、この種のプランで一般的なように、上限までキャタピラー社によるマッチング拠出を受けられる。従業員には、株式、債券、あるいは投資信託といった幅広い選択肢を活用して投資し、分散する能力が与えられたわけだ。ある意味、彼らは自分の年金ファンドマネージャーになったと言える。

　年金経済学の専門用語を使えば、キャタピラー社は確定給付年金（DBプラン）を確定拠出年金（DCプラン）に置き換えたことになる。それ以前に実行に踏みきった企業、あるいは後に続いた他の多くの企業と同様、キャタピラー社は「タオルを投げて」DBからDCに移ったのだ。

　ここ数年で何百という企業が、キャタピラー社と同じく制度変更し、その多くが市場から歓迎された。大企業は生涯にわたる年金インカムを提供することから基本的に手を引き、その責任をあなた個人に手渡した。これが、「私は株か、債券か？[1]」という問いに答えることがかつてないほど重要になった理由である。

年金は、正確にはどのように機能するのか？

　伝統的な確定給付年金（DBプラン）はリタイア後のインカムを生み出し、維持するのに最もわかりやすい手段である。（リタイア等で）DBプランから脱退する際に、雇用者は年金プランの管理者を通じて、簡単な公式であなたへの給付金額を決める。具体的には、自社での勤務年数を計算し、それを年金給付額確定率に掛ける。この掛け算の答えは、「給与代替率」と呼ばれ、例えば勤務年数が30年、年金給付確定率が2%なら、給与代替率は2%×30=60%になる。つまり、死ぬまで受け取れる年間の年金インカムは、リタイア日、あるいはその直前の年間給与の60%になる。この例で言えば、もしリタイア時に年間給与が5万ドルであれば、あなたの年金はその60%の3万ドルになり、生きている間その額を受け取れる。

　もっとも、多くのDBプランでは、年金インカムの額を割り出す計算式がもう少し複雑になる。前例では2%とした年金給付額確定率は、年金プランへの加入時期や給与、それにおそらく年齢によっても変わってくる。年金額計算のベースとなる給与も、リタイア前数年の平均給与や最高年収が使われる場合もある。毎年の年金インカムをインフレ調整するプランもあるが、そうでないものは時間が経つにつれて購買力が減っていくことになる。とはいえ、細かいことはともかく、DBプランにおけるあなたの最初のインカムは、3種類の数字を掛け合わせて計算される。最初の数字は「年金給付額確定率」、2つ目は「年金プランに加入していた年数」、そして最後の数字は「最後の年収、または雇用期間最後の数年

間の平均年収」である。そのために、「確定給付」という名前がついている。重要なのは、「リタイアが近くなれば、給付されるインカムを正確に知ることができる」点である。これがわかるから、確かな見込みも立ち、冷静でいられるし、将来を予測できる。こうした取り決めが、北米の大企業とその従業員には50年以上にわたって標準になっていた。それどころか、企業が提供する最初の確定給付年金プランには100年以上の歴史がある。

　確定拠出年金（DCプラン）はDBプランの真逆であり、401（a）、401（k）、そして403（b）といった自己運用勘定を含む幅広い言葉である（カナダでは、グループRRSP、あるいは資本積み立てプランとして知られる）。正式な名前がどうであろうと、これらの年金プランには保証された給付はなく、それどころか年金インカムも一切保証されていない。名称が示すように、拠出額だけがわかっていて先に決められている。あなたがリタイアしてから受け取る将来の給付はまったく知ることができない。もし株式市場やあなたが資産を配分している投信が、リタイア時期の前後にパフォーマンスの良くない月か年、あるいは数年間かに当たったら、あなたの退職資産は極端に縮小してしまう。2007年から08年の金融危機の時にリタイアした人であれば、私が「悪いタイミング」と言っていることの意味がよくわかるだろう。一口で言えば、責任やリスク、それに期待収益は企業ではなく従業員の手に託されているわけだ。

　もう一度言うと、DCプランには計算式もインカムの保証もない。DCプランはリタイア後のインカムのことなどまったく気にしていないと言っていい。それは給与繰り延べの課税優遇貯蓄プランであり、あなたと雇用主が定期的に拠出す

る仕組みになっている。あなたの最終的なリタイア時の蓄えは、あなた（と企業）の拠出額や、リタイアに向けたあなたの投資パフォーマンス、それにリタイアするときにそのお金をどう使うかで決まる。401（k）は数字であって年金ではない。リタイア時点で401（k）プランに蓄えられている金額は、前もって知ることも、予測することもできない。確率論の用語を使えば、乱数である。実際、2008年から09年にかけての弱気相場で多くの年金プランがそうであったように、あなたはリタイア直前に弱気相場に当たり、そして退職資産を20％あるいは30％失う可能性もある。401（k）プランはゆえに年金ではない。あなたは、リタイアに伴って、前に説明した確定給付年金のようななんらかの年金に退職資産を転換する方法を考えなければならない。

　これはキャタピラー社だけの問題ではない。DCプランに移行した企業は同社だけではないからだ。従来どおりDBプランを採用している民間企業が減少している事実は枚挙にいとまがない。数えきれないほどの企業のプレスリリースや政府の研究、学術的な報告が、DBプランが凍結され、401（k）、403（b）、あるいは他のハイブリッド構造のDCプランに置き換えられ、移行されていることを実証している。これがパーソナル・ファイナンス（個人の金融資産管理）の現況である。責任はあなたの肩に移ろうとしているのだ。

DBプランの継続的な減少

　ボーイング（2009年1月）、アンハイザー・ブッシュ（2009年4月）、ウェルズ・ファーゴ（2009年7月）、ニューヨーク・タイムズ（2010年1月）、スノコ（2010年6月）、GE（2010年12月）、そしてマグロウヒル（2012年4月）といった企業

はみな、キャタピラー社と同様の措置を講じている。これらの企業、そしてさらに多くの企業が、もはや従来の確定給付年金を新規雇用者に提供していない。多くの場合、これらの企業は新規従業員だけでなく、現従業員に対しても同じく年金給付確定発生分を凍結、あるいは終了させている。こうなると、現在の年金プランの加入者でも、今後はDBプランの加入年数がすでに発生している権利以上には増えないことになる。

　このことは直近の経済危機や世界金融不況がもたらした結果ではない。従業員給付研究所（EBRI）が2006年に行った調査によると、米国で「オープン」プラン、つまり新規加入者をまだ受け入れている年金スポンサー（年金プランの提供者）の1/3が、今後数年以内にDBプランを凍結することを検討している。タワーズ・ワトソンが行った別の観点からの調査によれば、1985年までさかのぼると、大企業100社のうち89社が伝統的なDBプランを新規雇用者に提供していた。つまり、圧倒的多数が従来の年金（DBプラン）を提供していたわけだ。2002年には100社のうち49社に減り、さらに2010年には17社になっている。2012年の調査結果が出れば、その数は一桁台になるのではないかと私は予想している。

　とはいえ、これらの企業は財政危機にあるわけでも、破産保全を考えているわけでも、清算されているわけでも、債権者からの保護を申請しているわけでもないことは強調しておきたい。先に挙げた企業のほとんどはきわめて健全で、成功し、また成長もしており、単にタオルを投げてDBプランを廃止することにしただけである。では、一体なぜ彼らは責任をあなたに負わせることにしたのだろう。

　こうした年金の傾向を後押ししている大きな要因の一つ

は、本来は喜ぶべきこと——すなわち健康と長寿である。我々の寿命は、40年前にこの確定給付年金が設計され、始動したときには誰も予想しなかったほど伸びている。

表I.1にあるとおり、1970年代における米国の出生時平均余命（平均寿命）はおおよそ男性が67年、女性が75年、男女合わせた平均が71年弱だった。それがこの40年間で着実に伸び、2010年の男女合わせた出生時平均余命は約79年になった。つまり、40年間で8年伸びたわけだ。この調子で伸びたら、40年後、あるいは80年後の出生時平均余命がどうなるか考えてほしい。そのうえ、これらの数字は0歳時に限定して適用されたものであるから、これで話は終わらない。年齢が高くなるほど、何歳まで生きるか（訳注：今の年齢＋平均余命）は、悪くなるのではなく、良くなるのだ。

何十年か前の年金は、正式なリタイア日から人生の終わりの日までの何年かに対して支払われる、それほど大きくない額のお金だった。しかし、もともと5年から10年と見積もられていたこの期間が、今や20年、あるいは30年になろうとしている。人々は（満額の給付を受けて）年金プランから早

表I.1　上がって、上がって、また上がる

米国の出生時平均余命（年）			
年	全体	男性	女性
1970	70.8	67.1	74.7
1980	73.7	70.0	77.4
1990	75.4	71.8	78.8
2000	76.8	74.1	79.3
2005	77.4	74.9	79.9
2010	78.7	76.2	81.1

出所）米国国勢調査局、米国国立健康統計センター 2010年

めに脱退し、90歳代後半まで生きる。

その結果、年金制度や年金プランには、支えきれないほど高い「退職者数／現役労働者数比率」の重荷がかかってくる。つまり、退職者の数が増えすぎて、それを支える現役労働者が足りなくなり、年金給付を続けていくだけの十分な収入が確保できなくなる。

表I.2を見れば、現役労働者100人当たりの退職者数の比率が今世紀中盤に向けてじわじわ増え続けることが推定できる。誰がこれらの退職給付を支えるのか？　この比率はどこまで高くなるのか？

ここ10年から15年の間に、米国ではリタイアに備えて貯蓄し、資産を用意していく方法が大きくシフトした。ほんの15年前には、従来の確定給付年金（DBプラン）が広義の「退職資産」に占める割合は25%弱で、確定拠出年金（DCプラン）とほぼ同じだった。しかし、今日では、DBプランの割合は15%以下である。

見方は人それぞれだろうが、DBプランを提供する民間企業の減少傾向が一服したりそのうちに反転したりすると推測するのは愚かである。はっきりしないのは、減少の度合いと

表I.2　米国の、労働者100人に対する退職者数

年	人数
1950	6
1970	27
1990	30
2010	34
2030（推計）	47

出所）米国社会保障庁 "The 2011 Annual Report of the Board of Trustees of the Federal Old-Age and Survivors Insurance and Federal Disability Insurance Trust Funds," p. 48.

その進展のスピードだけである。

　実のところ、消費者運動家や自由市場主義の経済学者には、従来型の年金制度から離れていくこの流れが本当は好ましい変化であると主張する者もいる。彼らの主張は、確定拠出年金の柔軟性や可搬性（転職先への持っていきやすさ）、透明性が、流動性が増した労働市場の今のニーズに適っているという主張である。雇用先を何度も変えることを考えている人々は増えており、その場合、401（k）などの確定拠出年金が唯一の選択肢になる。

それで、株主は幸せなのか？

　指導している学生と一緒に年金凍結についての広範囲にわたるデータを見ていて、2001年から11年までの10年間で、月平均で1つないし2つの上場企業がDBプランを凍結、あるいは閉鎖し、DCプラン、ないしは既存のDCプランをさらに良い商品や選択肢の追加、拠出額の拡大などで強化したものに置き換える方針を発表していることに気づいた。著名な企業だけでも、クラフト、アメリカン航空、バンク・オブ・アメリカ、そしてウォルト・ディズニー・カンパニーなどが、2010年から12年の間にDBプランの凍結を発表している。2010年に、私はキーク・ソンと共同でジャーナル・オブ・リスク・アンド・インシュアランス誌に、年金凍結が金融市場に与えるプラスの影響に関する研究成果を発表した。その要点は、年金凍結、あるいは閉鎖の発表の前後10営業日間で、株価が平均で約3.96%上昇していることだ。市場平均（S&P500 指数）と比べると、この効果はさらに大きくなり、約4.2%となる。もし分析期間を発表の20営業日前から20営業日後までに広げると、効果は約7.3%に増加する。

こうなったのは必ずしも人件費やコストの削減のためではなく、リスクを制限できるからだろうと我々は仮説を立てた。言い換えれば、企業は定量化できない長生きリスクを会社のバランスシートから取り除いて、従業員個人のバランスシートに移行させたためである。

　私は、21世紀のリタイア・プランニングにおいて、このことが金融上の重要な事実をさらに増幅させるだろうと考えている。リタイア後インカムをもたらすDBプランを頼りにできる新規雇用者は、近いうちにほとんど姿を消す。あなたがまもなくリタイアを迎える場合であれ、若すぎてリタイアは遠い未来のことにしか思えない場合であれ、リタイア後インカムを作り出す責任はあなたの手に握られている。総合的なリスク管理戦略の一部として、あなたや配偶者は、401（k）や退職資産として蓄えてきたお金を、どうすれば死を迎える日までリタイア後インカムを提供してくれる本物の年金に転換できるか考える必要がある。本書を読むことが、そのきっかけになるはずだ。

フロリダ年金実験[2]

　州や地方政府といった公的機関に勤める人も、私がこれまで説明してきた流れの影響を受けないでいられるわけではない。もしあなたがフロリダ州に住んでいるなら、そのことはもうご存じだろう。2002年半ばから03年半ばまでに、州の年金基金の加入者である62万5000人の公務員全員に、ユニークな選択が提示されたのだ。簡単に言えば、既加入者も新規加入者も、従来型の確定給付年金を自分で管理する投資プランに切り替えることが許されることになった。つまり、退

職年金相当分の一時金を受け取り、そのお金をあらかじめ選別されているさまざまな投資信託に投資することもできるし、「現状維持」を選択してリタイアまで従来の確定給付年金（DBプラン）に留まることもできるわけだ。

　この年金切り替えには二重の利点がある。従業員は、すでに獲得し、権利が発生しているお金を管理し、投資する機会が与えられるうえに、今後の拠出分についても同じことをする機会を得られるからだ。念を押しておくと、この「投資プラン」は年金プランではない。これは税制優遇措置のある、（うまくいけば）時間とともに増え続ける投資口座であり、投資リターンは（うまくいけば）インフレを上回り、退職資産はリタイア生活をしっかり支えてくれるだろう。ただし、従業員はどこかの時点で、このお金をリタイア後の残りの人生にきちんとインカムをもたらしてくれる本物の年金に換えなければならない。

　実を言えば、GMもフォードも従業員と退職者の多くにまったく同じ選択肢を提示している。年金インカムをそのまま維持するか、一時金に換えるか、どちらかを選べというわけだ。米国中でたくさんの人がいまや同様の意思決定に直面している。

　そう、彼らは以下のような本質的な問題に向き合っているのだ。

＊年金に代えて一時金を受け取り、企業からの拠出分を含めてこれから先20年以上、自分の手で投資を行うか。あるいは、その申し出を断り、リタイアまで待って、35年間の勤務に対する年金を受け取るか。
＊一時金を受け取り、自分で投資することに決めた場合、今

後20年以上にわたってどのようにお金を配分すればいいのか。

　私はフロリダの住民ではないが、リタイア時には同様の意思決定を迫られることになる。私は確定給付年金に加入しているが、その年金にはリタイア時にお金を引き出して、残りの人生のために自分でそれを管理することもできるという選択肢がついている。幸い、意思決定までにはまだ20年も猶予がある。あなたならどうするだろう？　退職資産を自分で管理・投資し、年金より大きな金額の生涯所得を生み出す自信はあるだろうか？　もし考えているより長生きしたら、どうなる？　もしリタイア直前に相場が下落したら？　もしインフレが想像していたより進んだら？　間違いなく、大変な意思決定である。とはいえ、人口動態と企業の傾向が今のまま進むなら、多くの米国人がこの先5年から10年の間に、まさにこの意思決定を行うことになる。税制優遇口座に入っているまとまった額のお金を、どうやって年金に転換するかを決めなければならない。

この本の概要

　私の目的は、あなたが日々行っているたくさんの意思決定について、頭を切り換えて、その金融面、投資面に注目してもらうことである。こういった考え方が以前より重要になったのは、あなたの手に移ってきた重大な責任、すなわち、あなたのとても長い人生の残りの日々のために持続可能なインカムを作り出すことがきわめて重要だからだ。もし私が偏っているとしたら、その偏りというのは、短期的で、投機的な

投資ではなく、もっと長期的で、慎重な、ヘッジに基づく投資に人々を誘導しようとしていることだ。あなたの長い人生におけるお金の面で本当に直面するリスクは何なのか。そうしたリスクから守るために、経済資産のすべてをどう管理すればいいのか。それを考えていきたい。

　残念ながら、今のところは、多くの人々が市場や取引相手、自然界を出し抜けると信じて金融面の決断を行っている。ところが、そういう能力を持っている人はほとんどいないのが実情である。どの低位株が、どの投資信託が、どの経済分野が、他の低位株や投資信託、経済分野を上回るか予想して数千ドルを賭けるのは素晴らしい（そして、楽しい）ことではあるが、そのテクニックはあなたの人生が終わるまで維持しなければならない年金を管理するのには使えない。このテーマ――「**投機をやめて、ヘッジしよう**」については、この本のなかで何度も繰り返し触れることになるだろう。

　30年、あるいはもっと長いリタイア生活の可能性を考えれば、金融資産を生涯にわたってより効率的に管理することを考え始めるのはとても重要である。これは、単に年金や持続可能なリタイア後インカムを作ること以上の意味があり、大企業が行っているのと同じ適切なリスク管理を、あなたの人生に適用することである。そこで、次の数章は人生の早い段階での金融リスク管理（それが人生終盤の堅実なリスク管理につながっていく）に割くとしよう。もちろん、安全な年金を用意する道筋では、あなた自身の純資産価値をどう正確に測定するかを考察するところから始める必要がある。まずは、人的資本という概念を紹介してから、それがなぜあなたが現在持っている資産、あるいはあなた個人のバランスシート上で最も価値があるものなのかを説明する。それを理解し

てもらってから、次にずっと先を見通してリスクとリターンを注意深く論じ、人的資本という観点から投資や投機と比較したヘッジの役割を考えていくことにする。そして、基本的なところを終えたら、次に、401（k）やIRAプランの残高を生涯続く年金に移行する際の適切な転換の仕方とリスクの管理について論じる。従来型の確定給付年金（DBプラン）が衰退しているため、リタイア後インカムのプランニングは、単に401（k）プランにおける投資や貯蓄の適切な組み合わせだけではすまなくなっている。「多い」をどう定義するかは別にして、投資プランに注ぎ込む多くのお金は、安全なリタイア生活を保証しない。あなたが採用する戦略とあなたが退職資産で購入する商品は、退職資産の規模よりも重要なのである。

章末注

DB凍結や閉鎖の公表がプラン提供企業の株価に与える影響に関してはMilevsky and Song（2010）で研究、発表されている。401（k）に関する懸念や考えられる課題のうちのいくつかについてのより広い議論は、Munnell and Sunden（2003）を参照のこと。リタイア後インカム危機の可能性の規模に関する更なる統計データはSalsbury（2006）を参照のこと。給付金制度における、公共政策の示唆に関するより広範囲にわたる議論については、KotlikoffとBurns（2004）を参照のこと。また、Aaronの編著書（1999）とClarkら（2004）の編著書には、リタイア後インカム・プランニングの幅広い側面に関する非常に興味深い論文と研究がいくつか掲載されている。Lowenstein（2005）は、DB年金消滅に関して過去および現在起きている事という観点からの優れた論文を執筆している。MitchellとSmetters（2003）による論文集では、この問題についてのより学問的な展望を扱っている。タワーズ・ワトソンの2010年6月のニュースレターには、フォーチュン100企業のリタイアプランの潮流に関する興味深い議論が掲載されている。詳しい情報は、同社のウェブサイトを参照のこと。
https://www.towerswatson.com/en/Insights/Newsletters/Americas/Insid-

er/2010/Prevalence-of-Retirement-Plans-by-Type-in-the-Fortune-100

1 訳注：この本の原題であり、自分の所得の特徴が株式に似ているか、債券に似ているかを把握したうえで、リタイアに向けて資産形成すべきという、本書の主たるメッセージの一つでもある
2 訳注：「フィラデルフィア・エクスペリメント」にかけていると思われる

[日本の読者への補足説明]

　米国の企業年金制度は、ERISA法（従業員退職所得保障法）など、1970年代から80年代初めにさまざまな法制度・規則が整えられたこと、および雇用の流動化が進んだことにより、大きく変わりました。下の図は米国の企業年金加入者の推移ですが、本書にあるように、80年代中ごろを境に確定拠出年金（DCプラン）の加入者が確定給付年金（DB）を上回っています。

　これに伴い、リタイア後の生活を支えるお金（リタイア後インカム）を積立て、管理・運用していく責任が個人に移っています。

　日本でも、2001年より、日本版401(k)とも言われる確定拠出年金制度がスタートしました。一方で、企業、企業グループ、あるいは業界が提供する確定給付年金はどんどん減

米国企業年金加入者数推移

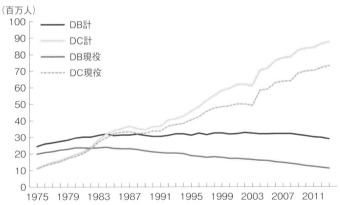

（注）計＝加入者、受給者等の合計。データの定義変更により、2003年以前と2004年以降は不連続。
出所）米労働省より野村資本市場研究所作成

っています。2017年には、iDeCo（日本の個人型確定拠出年金）も始まりました。また、日本取引所グループが行っている「従業員持株会状況調査」では、3000を超える会社が従業員持株会を用意しており、加入者1人当たりの平均保有金額は200万円を超えています（2016年の調査による）。持株会で保有している株式は、リタイア後もそのままのことが多いと考えられており、著者がはじめにと本章で警鐘を鳴らしていることは、日本の読者にもそのまま当てはまると考えてよいでしょう。

著者は本書の中でしばしば「ヘッジ」という言葉を使っています。リスクを避け、自分が持っている資産を使って本来受け取ることができる便益をきちんと受け取る工夫がヘッジになります。

さて、ここで改めて各章の内容を簡単に紹介します。1章では、人的資本という考え方、評価の考え方などが紹介されています。また人的資本は年齢によって変化します。2章では、この人的資本をヘッジする仕組みとして生命保険が導入されています。人的資本が変化することで必要な生命保険の額も変わります。ここまではご存知の方も多いと思いますが、ある年代まで達すると、ヘッジする対象が、死ぬことから、長生きすることに変わります。これは、日本でも研究や実務への応用が始まった、金融ジェロントロジー（長寿・加齢が経済及び金融行動に与える影響を研究する学問）にもつながる考え方です。3章、4章は、人的資本も含めた自分の資産の分散の大切さと、分散の方法、ツールが紹介されています。特に4章では負債を取り上げ、負債を使った金融戦略を紹介しています。2章の生命保険もそうですが、単品で考えるのではなく、自分の資産という包括的な枠組みの中で組

み合わせや効果を考えるというアイディアは気づきになります。5章から7章では、リタイアに特有のリスクである「インフレ」「リターンの順序」「長生き」について述べています。インフレの影響は、年代、個人で異なることを感覚的に理解している方も多いと思いますが、ここでしっかり裏付けが確認できるでしょう。リターンの順序についても、お金の出入りが無ければ影響はありませんが、特に取り崩し期には重要になります。8章では、どうやって取り崩していけば退職資産が尽きないのか分析した結果を紹介しています。さまざまなリスクに備えるためにはある程度の運用が必要で、また、モンテカルロ・シミュレーションを使った分析が好ましいとのことです。9章では年金保険（終身年金など）が紹介されており、10章で、運用、個人年金、生命保険を組み合わせてリタイア後特有のリスクに備えるアイディアが提案されています。9章は特に米国の商品がベースとなっていますが、考え方自体は日本でも応用できるでしょう。11章はまとめです。こうしてみると、人生のスタートからリタイアに向けて、自分が持っている資産とリタイア特有のリスク、そのリスクへの備え方（使える商品やヘッジ方法）が本書で説明されていることがわかるでしょう。

Chapter 1: You, Inc.

第1章
「自分」株式会社

思い込み1：「私は事実上の破産状態だ。銀行に預金はないし、クレジットカードで借金しているし、リタイア後の蓄えもない……」

お金について考えるために、若い頃に戻って、「自分」株式会社と呼ばれるものを導入してみよう。これは小規模で、きちんと管理され、個人が所有する企業で、その生産用資産の大部分は取引の対象とならないあなたの将来の賃金・給与に投資されている。社長兼会長兼財務担当役員であるあなたの目的は、「自分」株式会社の株主価値を最大化しながら、企業が直面する金融リスクを最小化することにある。

　実のところ、大企業の役員室で立案されている金融戦略とリスク管理戦略は、あなたの日々の金銭管理にも適用できる。他の会社経営者と同じく、あなたは金融上の意思決定の際に長期的な視野を持たなければならず、同時に、生涯にわたって「自分」株式会社が直面するリスクを検討し、コントロールしなければならない。

　ウォール・ストリート・ジャーナルが「自分」株式会社の動向を報じることはあまりないが、その社史についてはよくご存じの通りだ。「自分」株式会社は、「親」株式会社と呼ばれる、もっと大きな企業の子会社として創立され、最初の20年間のほとんどは「親」株式会社のバランスシートの資産（あるいは負債）という存在だった。純粋な金融用語で言えば、「親」株式会社は、メリットの薄い投資として「自分」株式会社を設立している。控えめに見積もっても、1人の子供が18歳になるまでに、親は少なくとも10万ドルを投じるが、それに見合った配当を受け取ることはまずない。そのため、「親」株式会社の取締役会は、「自分」株式会社を別の事業体として分離独立させられる日を心待ちにするものだ。

　ライフサイクルが進むにつれ、「自分」株式会社はやがて合併——別の言い方をすれば、結婚を検討するようになる。結婚は、「自分」株式会社が行う最大の合併・買収（M&A）

事業であり、複数回行われることもある。企業合併の多くは、そのディールに違約金が付帯している。これは、契約完了前に事がうまくいかなくなった場合に、規模が大きく、評価が確立した方の企業の利益を守るためである。現代の結婚も、婚前契約という不穏な名称のもとに、もっと長期にわたるものではあるが、同様の条項を取り入れている。繰り返すと、この契約は合併から最小の利益しか得ていない当事者の経済的利益を守ることを意図している。実のところ、「自分」株式会社が属する人的資本業界の合併には、こういった無味乾燥な合併契約条項がもとでご破算になる場合も少なくない[1]。

　資産が成功裏に統合され、経営文化に折り合いがつけば、大きくなった「自分」株式会社——もはや正しくは「家族」株式会社というべきだろう——は新しい本社の獲得に目を向けるものだ。家は、あなたの人的資本が持つ潜在的生産性に次いで2番目に大きな資産になる。しかし、住宅への投資は分散できず流動性もない。というのも、部分的な売却は不可能だからである。そのため、株式や債券といった市場で取引されているものと比べてリスクが高いと考えられる。何百万もの住宅保有者が、住宅価格が下落し、債務額を下回ったために担保権を執行される立場になり、個人住宅はリスク・フリーの投資ではないことを思い知らされている。教育費や大学の学費と同様、住宅の購入資金は負債で調達するのが普通であり、こうしたディールにはあなたのCFO（財務担当役員）としての最高のスキルが求められる。

　無数にあるローンの選択肢のそれぞれに、独自のリスクやメリットがある。しかし、優れたCFOならわかっているように、金利の先行きに賭けるのは無分別なことである。長期

固定金利と短期変動金利の負債のどちらを選ぶかは、企業が発行する「債券」の満期と同様、資金ニーズ、税務上の考慮、予算の問題などによって決まる。例えば、もし返済額が急上昇しても予算的に問題なければ、変動金利の方が良いかもしれない。しかし、もしキャッシュが不足しているなら、固定金利を選ぶべきである。

　株主が積極的に行動する株主行動主義へのグローバルな流れが「自分」株式会社だけを見逃してくれるはずはなく、子供や配偶者、義理の親といったさまざまな利害関係者が、いずれは役員会の席を求めてくるだろう。あなたは単独の筆頭株主かもしれないが、あなたの家族は権利が保護されている少数株主である。もしあなたの寿命や将来の生産性を脅かすことが起こったら、彼らは深刻な財政問題に苦しむことになる。あなたの最大の資産やその他の投資、プロジェクト[2]、失うことのできない資産などを守るために、さまざまな保険契約を購入するのが慎重なリスク管理である。もっと具体的に言えば、30歳で、将来の収入の総額が60万〜80万ドルという平均的な人は、それと同額程度の生命保険を契約することをお勧めしたい。

　ライフサイクルが進むにつれてキャッシュに余裕ができた「自分」株式会社は、難しい配当政策の選択に直面することになる。役員会のうるさい（往々にしてティーンエイジャーの）少数派は、配当の大幅増額を要求するだろう。だが、賢いCEOは利益を蓄積しておく方を選択する。「自分」株式会社は厳しい借り入れの制約と将来の成長への資金ニーズを背負っているものだからだ。

　「自分／家族」株式会社は上場会社ではないため、新しい投資案件に対して資本市場から資金調達することはできな

い。どのみち、人生のかなり後半になるまで担保として提供できる有形資産はほとんど持っておらず、奴隷所有は違法なため、金融機関は「自分」株式会社の株を購入することに難色を示しがちだ。そのため選択肢としては、内部キャッシュ（個人的な蓄え）を使うか、銀行からの借り入れというもっとコストの高い代替案しかない。多くの人にとって、クレジットカードは最後の（あるいは少なくとも最も手軽な）手段である。しかし、クレジットカードの実効金利は大変高いので、借りたお金のコストに見合った使い道を見つけるのは難しい。

この比喩は現実の世界を少々逸脱したものではあるが、自分自身を株式会社に見立て、企業と同じテクニックを使って自分の財務管理を行っていくことで、たくさんの実用的な見通しや留意点が見つかるはずである。そう考えることが、よりよい財務上の意思決定を行う助けになるだろう。本章と本書全体でこの考え方を取り上げていくが、ここでは最初の原則に戻ってこう質問したい。「あなたの『自分』株式会社の価値はどれくらいなのか？」

あなたの価値は？

私にはあなた方ひとりひとりについてこの質問に答えることはできないが、典型的な米国の世帯、すなわち「家族」株式会社の金融状況のおおよそについてはご紹介できる。これには、米国連邦準備制度理事会が行った消費者金融調査（SCF）の包括的なデータが役に立つ。この調査は、個人のバランスシートのさまざまな金融状況を実に広範囲にわたって提供してくれているので、まずは有形資産（個人バランス

シートの左側〔借方〕）から始めてみよう。

調査に時間がかかるために使っている数値はいささか古いが、2009年の米国の典型的な世帯は中央値で19万2100ドルの資産を持っており、これは2007年の金融危機以来、実質（インフレ調整）ベースで10.7％減少している。ここで言う中央値とは、保有資産で米国の世帯を「最も裕福」から「最も貧乏」までを並べたときに、ちょうど真ん中が19万2100ドルになるということである。つまり、50％の世帯がそれ以上の資産を持ち、50％がそれ以下の資産であることを意味する。ここで、資産の多寡が必ずしも裕福かどうかを測る基準にならないことを思い出してほしい。もしあなたが19万2100ドルの資産を持ち、一方でちょうどそれを相殺する負債19万2100ドルを持っているとすると、自己資本あるいは純資産は0になり、実際には富を持たないことになる。そこで、まずは典型的な米国人の資産だけに着目し、その後負債と世帯の純資産を取り扱っていこう。

SCFで報告された全体の資産は、さらに金融資産と非金融資産に分けられる。表1.1は、「家族」株式会社が蓄積した金融資産の時価評価の中央値である。米国の世帯の資産には、小切手口座、貯蓄口座、取引口座、短期金融市場預金（MMF）、低リスクの定期預金といったものが含まれる。また、IRA（個人退職口座）など税制優遇の退職口座、ヘッジファンドや不動産インカムファンドなどの合同運用ファンド、それに生命保険契約の解約返戻金も含む。資産には他に、信託、個人年金[3]、投資一任、先物契約、他者への貸し付け（債権）などもある。これは驚くようなことではない。自分のバランスシートに目を向けると、まったく似たような資産が並んでいるのに気づくことだろう。

表1.1を見れば、40代前半の典型的な米国の世帯がイメージできる。小切手口座とMMFに合わせて4000ドル、職域年金プランで形成した退職資産が4万8000ドル。第3章「時間と場所の分散」でもう少し詳しく説明する、保険契約に付帯する税制優遇の貯蓄に7300ドル。金融資産の大半の5万ドルを国債、事業債、外国債券に、1万2000ドルを上場株式に投資している。あなたは資産を一覧にした自分のバランスシートを作るべきであり、それを毎年行うことが大切な学習になる。出来上がったものは、表1.1に似ているはずだ。

表1.1から明らかなように、金融危機は「家族」株式会社の資産に大きな損害をもたらした。個人向け国債を除くすべての資産クラスの額が、2007年に比べて大きく下がっている。最も打撃を受けた金融資産は株式で、35%以上下落している。一方、短期金融市場預金（定期預金）は3%の下落とそれほど目立っていない。短期金融市場商品と株式の相対的な比率

表1.1 「家族」株式会社の金融資産

口座種別	保有している人の割合	中央値	2007年からの変化
小切手口座、MMF	92.3%	4,000ドル	−2.44%
定期預金	15.9%	20,000ドル	−3.38%
個人向け国債	14.1%	1,000ドル	0.00%
債券	2.6%	50,000ドル	−19.48%
株式	18.5%	12,000ドル	−35.14%
合同運用の投信	10.8%	47,000ドル	−19.93%
退職口座	56.2%	48,000ドル	−5.14%
生命保険の解約返戻金	24.3%	7,300ドル	−12.05%
他の一任口座	5.7%	60,000ドル	−3.38%
その他	10.3%	4,500ドル	−22.41%

出所) FRB "Surveying the Aftermath of the Storm: Changes in Family Finances from 2007 to 2009," のTable 5よりIFIDセンターで計算

を見ると、投資家は金融危機の間、キャッシュのようなより安全な資産に群がっていたことがわかる。これはUBSウェルス・マネジメント研究所が行った調査によっても確認できる。UBSの調査によると、金融危機の前は、S&P500指数の時価総額に対する短期金融市場資産の割合は20％以下だった。金融危機の最中にこれが60％まで跳ね上がり、そして過去平均のかなり上に留まっている。投資家がキャッシュを株式市場に戻すことを嫌がり、代わりに低リスク・低リターン戦略を選んだことがわかる。

　もう一つ金融危機の影響が出ているのは、退職口座の平均額が2007年から5％以上も下落した点である。通常なら、1年間にそれだけ増えていると期待してもおかしくない額が減っているわけだ。退職口座に加えられたこの平均5％の打撃のせいでリタイアを遅らせなければならなかった人もいるだろう。その結果、金融危機はリタイア・プランニングに新しい次元を付け加えることになった。リタイアを控えた人は自分のリタイアの目標を慎重に再検討し、（もし妥当なら）拠出水準を上げ、リスク予算[4]を再評価しなければならなくなったのだ。

　表1.2は非金融資産に関するもので、中央値の世帯は日常生活で使ったり消費したりするさまざまな個人利用資産を持っていることがわかる。最も一般的な非金融資産は自動車である。中央値で考えると、過去2年以内に新車を買っており、現在の評価額は1万2000ドルになっている。住居は17万6000ドルの評価額で、最近15万ドルで買った別荘もある。この表によると、約11.9％の米国世帯が、自社株相当（自営業の株式）を持っている。保有しているこの事業の価値の中央値は9万4500ドルになる[5]。

住宅バブルの崩壊と担保物件の市場への流入で、保有不動産の価値が15％以上下落したことを米国人は必然と受け止めているのは予想通りだ。高金利の住宅ローンと、この15％の価値下落で平均的な米国人の住宅資産は損なわれ、これが「家族」株式会社の純資産価値（これについては本章の後半で述べる）の主要な下落要因になった。

　あなたの人的資本はこれまでにないほど重要度を増している。

　もう一度言うが、こんな時こそしっかり腰を据えて、今見たような金融資産と非金融資産全体のリストを自分でも作りはじめるべきだ。現在の資産が詳しくわからないまま長期の金融プランを策定してもほとんど意味がない。少なくとも**表1.1**と**表1.2**にあるような情報を利用すれば、自分がまわりと比べてどんな水準にいるかを把握できるだろう。なお、2つの表に欠けている資産クラス、つまりあなたの人的資本のことに立ち戻る予定であるのを覚えておいてほしい。

　それはともかく、ここまで「自分／家族」株式会社のさまざまな資産について見てきた。最も留意すべき点は、言うま

表1.2　「家族」株式会社の非金融資産

資産種別	保有している人の割合	中央値	2007年からの変化
車	86.8％	12,000ドル	－25.93％
自宅	70.3％	176,000ドル	－15.02％
その他の居住用不動産	13.0％	150,000ドル	＋5.86％
非居住用不動産	7.6％	69,000ドル	－12.44％
事業持分	11.9％	94,500ドル	－8.78％
その他	9.2％	15,000ドル	－3.23％

出所）FRB "Surveying the Aftermath of the Storm: Changes in Family Finances from 2007 to 2009," のTable 5よりIFIDセンターで計算

でもなく世帯の約56％が「退職口座」に蓄えを持っており、その口座の金額の中央値が4万8000ドルであることだ。果たしてこれで、リタイア後を賄うのに十分だろうか？　これが本書でこのあと検討することになる主な疑問の一つになる。今のところは、別の金融上の指標やベンチマークに取り掛かることにしよう。

　「家族」株式会社の課税前「最終利益」を表1.3に示してある。ここに記載されているのは、過去15年間の世帯ごとの課税前所得の平均値と中央値である。平均値は一貫して中央値より大きい。これは、中央値がすべての世帯を等しく扱うのに対し、平均値はより豊かな世帯に重きを置くからである。この違いを覚えておくのが大切だ。1,10,88の3つの数字の中央値はたしかに10である。これが中間点となる。しかし、平均値はもっと大きい33になる。先の3つの数字を足し合わせて3で割ると33になるからだ。

　いずれにしろ、1989年の世帯収入の平均額は、(2010年の貨幣価値で) 6万9000ドルであり、2007年にはこれが8万8000ドルまで増えている。これは明らかに良いニュースであり、企業の成長の証である。ところが、最近公表された2010年のデータでは、金融危機による失業率の上昇と賃下げ圧力が平均値と中央値をそれぞれ押し下げ、7万8300ドルと4万5700ドルになっている。ちなみに、金融危機のピーク

表1.3　世帯ごとの実質（インフレ調整後）課税前所得（千ドル単位）

年	1989	1995	2001	2004	2007	2010
平均値	69.2	63.3	84.7	81.3	88.2	78.3
中央値	44.0	43.5	49.1	49.6	49.6	45.7

出所) FRB "Consumer Finances Survey 2010" の Table 1 89–98, Table 1 01–10.

には失業率は10％に達し、米国では1980年代以降で最も高くなった。

　表1.1と**表1.2**に記載されたバランスシートの左側を占める全資産の対極にあるのは、言うまでもなく「家族」株式会社の負債である。会計士は昔から企業の資産を左側に、負債と「自己資本」を右側に置いてバランスシートを作成する。この図（**図1.1**）は少しあとに紹介しよう。

　もっとも、ピカピカの新車を買うにしろ、学費を賄うにしろ、新居を購入するにしろ、北米ではクレジットやローンをいくらでも利用できるから、十分な金融資産を持っていなくともすぐにそうした買い物ができるようになっている。負債の利点や落とし穴については、第4章「年齢と職業に応じたローンの勧め」でさらに詳しく論じるが、ここでは実際に人々がどういうことをしているか見てみよう。人々はさまざまな形の負債を抱え、それをたくさんの目標を達成するために使っているように見える。では、米国人はどんな借金をしているのだろう？　そうした債務の規模や構成は、ライフサイクルの各段階でどう変わっていくのだろうか？

　2009年に発表された米国連邦準備制度理事会の消費者金融調査によると、約77.5％の人が、少なくとも何種類かの負債を抱えており、負債の合計額の中央値は2009年で7万5600ドルになっている。これは2007年から7.5％増加した金額だ。

　表1.4は「家族」株式会社の負債に着目したものである。どう見ても、「家族」株式会社のバランスシートの負債の中で最も一般的で、2番目に規模が大きいのは、米国全体で近年非常に増えている住宅ローンである。この種の負債を負っている世帯は49％を占め、バランスシートの残高は11万

2000ドルになっている。わずか5％の世帯が別の形の住宅資産信用で13万ドルの負債を抱えている。

クレジットカードは負債調達先として米国でとても広く使われており、債務額は、「家族」株式会社のバランスシート上3300ドルになる。43％の人がこのクレジットカード債務を負っている点に注目してほしい。これは、月末に残高のある人だけの数字である。約7％の人が別の形の債務4000ドルを負っている。この「その他」の分類にはあらゆるものが入り、信用取引証拠金（第4章で詳しく述べる投資資産を買うために借りたお金のこと）といった素晴らしい戦略もここに含まれる。また、企業年金の担保融資や、生命保険の解約返戻金を基にした貸し付け、あるいは近隣の高利貸しからの非公式なローンまで含まれている。どうやら米国人は、旺盛で多様な負債ポートフォリオを持っているように見える。負債の一部は極めて納得できるものではあるが、時間が経つと価値が下がる減価償却資産の取得にクレジットカードや分割払いローンなどの負債を使うのであれば問題である。

表1.5は、もっときちんとした企業会計的な観点からの負

表1.4 「家族」株式会社の負債・債務

負債種別	保有している人の割合	中央値	2007年からの変化
住宅ローン	49.4%	112,000ドル	0.00%
他の住宅担保債務	5.1%	130,000ドル	+32.11%
銀行ローン（除く住宅）	3.1%	5,000ドル	+16.28%
分割払いローン	49.5%	14,700ドル	+14.84%
クレジットカード	43.2%	3,300ドル	+6.45%
その他	6.7%	4,000ドル	−23.08%

出所）FRB "Surveying the Aftermath of the Storm: Changes in Family Finances from 2007 to 2009," のTable 5よりIFIDセンターで計算

債データで、世帯ごとの資産額に対する負債の額を示している。ある意味、資産に対する負債の比率が低くなれば、世帯はより健全と言える。もちろん例外はあるが、これは大筋では正しい。主な稼ぎ手が35歳以下の世帯では、資産100ドルに対して保有している負債は97ドルほどになる。純資産、あるいは自己資本が資産から負債を引いたものに等しいという基本的な公式を思い出せば、35歳以下の典型的な世帯は自己資本が3ドル、負債が97である。つまり、負債資本比率は32:1以上になる。人生のこのステージでこれほど比率が高いなら、もっと一貫したやり方の負債管理を考えるべきだろう。

表1.4からもう一つわかるのは、どの世帯も負債を、金利も条件も異なるさまざまな調達先に分散しているらしいことだ。分散の原則はポートフォリオのヘッジツールとしては有用だが、負債戦略には当てはめられないから、拡げすぎないよう注意すべきである。むしろここは、個人の財務管理において、「卵を全部一つの籠に入れる」領域と言える。負債戦

表1.5 「家族」株式会社の負債対資産

世帯における主な稼ぎ手の年齢	資産100ドルに対する負債の額
35歳未満	96.59ドル
35〜44歳	56.84ドル
45〜54歳	34.61ドル
55〜64歳	20.45ドル
65〜74歳	19.01ドル
75歳以上	4.25ドル
全世帯	37.11ドル

出所) FRB "Surveying the Aftermath of the Storm: Changes in Family Finances from 2007 to 2009," のAppendix Table 3BとAppendix Table 4BよりIFIDセンターで計算

略を最適化するためには、異なる負債「サイロ（貯蔵庫）」にある未払い債務は最も金利の低いものに集約すべきである。そうすることで、時が経てばかなりの貯蓄になるはずだ。

ここで「自分」株式会社の金融状況についての情報をくれる、最後の重要な数値である純資産の中央値に進もう。この数値も一般的なバランスシートの右側に「資本」として計上されるもので、世帯の資産から負債を引いた数値に一致する。2009年の「家族」株式会社の純資産の中央値は9万6000ドルで、インフレ調整ベースで2007年と比べて23.4％急減している。一目見て、資産の11％減、負債の7.5％増と比べて資本が23％も変化していることを不思議に思うかもしれないが、それは資本が負債と資産の両方に影響され、資産の減少と負債の増加の両方を合わせたものだからだ。

表1.6は、米国民全体についての興味深いデータである。この表は家族の純資産の中央値が、主たる稼ぎ手の所得階層によってどう変わるかを示している。通常、所得が高いほど貯蓄が増えるわけだから結果はある程度予想がつくが、純資産のばらつきは大変特徴的だ。この格差はまた、個人の状況

表1.6　純資産の中央値（所得階層別）

税引き後の所得（2009年）	資産の中央値	2007年からの実質変化
20％未満	7,100ドル	−28.28％
20％〜39.9％	32,800ドル	−14.14％
40％〜59.9％	71,800ドル	−24.18％
60％〜79.9％	167,600ドル	−22.73％
80％〜89.9％	304,000ドル	−19.92％
90％〜100％	894,500ドル	−26.13％

出所）FRB "Surveying the Aftermath of the Storm: Changes in Family Finances from 2007 to 2009," のAppendix Table 1BよりIFIDセンターで計算

に合わせた金融アドバイスや金融戦略の潜在的効果が大きいことをはっきり示している。

「自分」株式会社やあなたに求められる生涯のリスク管理プロセスを語るうえで特に欠かせないのは、ライフサイクルを通じて純資産がどう変化するかという問題である。経済学者はいわゆる「ライフサイクル仮説」と呼ばれるものを持ち出してきて、年齢とともに純資産あるいは富がどう変化するか解説する。若い頃は金融資産をほとんど持っておらず、純資産がマイナスになることも少なくない。多くの人が自分の教育に投資するために学生ローンなどでお金を借りるので、お金に関しては、たとえあったとしても非常に少ない純資産で人生をスタートする。それが年齢とともに変わり、負債を返し、時が経つにつれて価値が上がる可能性のある家や他の資産に投資しながら、徐々にリタイアの時へと近づいていく。消費はむろん継続するが、所得が増えて資産形成ができるようになる。純資産は、就労ステージの最後にピークになり、リタイア後に使われて徐々に減っていく。私たちは人生のこうした各期間を通じて、消費の仕方や生活水準をできるだけ一定にしようと努める。もっともこれは、あくまで経済学の仮説ないしは理論であって、すべての人がこのように振る舞うという意味ではなく、あなた自身がそう行動すべきだと指示しているわけでもない。

実際には、現実世界のデータはこの仮説と整合しており、**表1.7**にそれが要約されている。主たる稼ぎ手が35歳未満の世帯では、純資産の中央値は9000ドルと低い。年齢層を一つずつ見ていくと、金融上の目標とリタイアに向かって働くにつれ、純資産の値が大きく上昇していることがわかる。この数値は55〜64歳、つまりリタイア直前で22万2300ドルと

ピークに達し、75歳を過ぎると19万1000ドルまで下がる。言い換えると、いくつかの明らかな例外を除き、多くの人はライフサイクル仮説の原理どおりの行動をしていることになる。別の言い方をすれば、もしあなたが一生の間、消費の水準を一定に保っていけば、64歳までは富の蓄積とともに純資産が増え続け、リスク管理がうまくいけばリタイア後にそれが徐々に減っていく形になる。

　ここでしばらく、人生の初期ステージである10代後半から20代を振り返ってみよう。

　この年代では、それまで幽霊会社に過ぎなかったものが一つの事業単位になる。そして「自分」株式会社の社長は最初の、そして最も重要な意思決定、つまり会社の人的資本をどうやって作り出し、どこに投資するのかという問題に直面する。「人的資本」とは、生まれ持ったものにせよ、教育によって得るものにせよ、あなたの持つ能力とスキルのことである。教育や職業訓練、ビジネスの人脈づくりに投資することで、この先何年も、あるいは何世代にもわたって「自分」株式会社の資源となる人的資本の大きな蓄えを築くことができ

表1.7　世帯主の年齢ごとの、純資産の中央値

グループ	中央値（2009年）	2007年からの実質変化
全世帯	96,000ドル	−23.44%
35歳未満	9,000ドル	−36.62%
35〜44歳	69,400ドル	−28.53%
45〜54歳	150,400ドル	−25.91%
55〜64歳	222,300ドル	−13.74%
65〜74歳	205,500ドル	−11.69%
75歳以上	191,000ドル	−16.56%

出所）FRB "Surveying the Aftermath of the Storm: Changes in Family Finances from 2007 to 2009," のAppendix Table 1BよりIFIDセンターで計算

る。あなたの人的資本は、働いている間に受け取る給与・賃金を通じて金融資産に転換される。そのため、あなたの人的資本は将来受け取るすべての給与・賃金から推計されることになる。将来の所得が大きいと見込めれば、人的資産、ならびに「自分」株式会社の価値も大きくなる。

表1.7によれば、35歳未満の米国人の純資産の中央値は厳しいものと言える。それでも、私がこの本で訴えたいことの一つは、あなたが若く、一文無しで、場合によっては負債を抱えていても、その先には労働によって収入を創る豊かな30年、40年が待っていることだ。読者の中には、それほど長く働くのかと憂鬱になる人もいるかもしれないが、実際にはそうした収入の現在価値ないし割引価値は数百万ドルにもなるのだ。これは、地下深くの鉱床や油田を所有し、キャッシュフローを生み出すのにあと数年かかる、多くの有名な上場採掘会社や石油生産業者となんら変わらない。こうした資産が企業に収益をもたらすのは数十年先になるとしても、会計士や証券規制当局の全面的な承認のもとにバランスシートに計上することはできる。「自分」株式会社でも事情は同じだ。そう考えれば、先ほど見た全資産と純資産の価値は過小評価されていることになる。自分の純資産を査定するときには、「自分」株式会社の価値が実情どおり反映されるよう、従来の会計手法で作成したバランスシートを修正し、有形資産と一緒に人的資本を計上すべきである。（図1.1参照）

この点をもう一度、念押ししておきたい。というのも、続く数章とこの本のほぼ全体にわたって、きわめて重要なテーマになっているからだ。あなた個人のバランスシートで最も貴重な単一資産は貯蓄口座でも投資ポートフォリオでも宝石でもないし、家でさえない。それ以上に貴重なのは、これか

図1.1 大切なのは、人的資本
「自分」株式会社のバランスシート（21世紀的アプローチ）

資産	負債
・銀行口座 ・住宅 ・株式、債券 ・乗用車 ・小規模事業持分 ・年金の現在価値 **＋人的資本**	・住宅ローン ・消費者ローン ・クレジットカード ・学生ローン 資本 ・「自分」株式会社の純資産

ら先の就業人生の間に稼ぐ、あなたの給与、賃金、所得の割引価値なのである。この資産は人的資本と呼ばれ、その正確な価値を把握し計算することは難しいが、これが人生中盤に入るまであなたの持っている最大の資産であるのは紛れもない事実だ。

図1.2は、架空の人物、ジョンについて考察したものである。ジョンは22歳で大学を卒業し、初任給は3万5000ドルだった。彼の所得はリタイアするまで毎年2％ずつ増加するという安定したものである。この所得は、彼の仕事が安定しているために、（現在価値を計算する際には）2％という比較的低い率で割り引かれる。ジョンはまた、所得のうち20％を毎年貯蓄し、リタイア後の生活で使うために金融資産に転換している。図1.2は、各年齢でのジョンの全資産に対する人的資本の比率を表したものである。このグラフはジョンだけに当てはまる数値を使って作ったものだが、あなたのグラフも同じような形になるはずだ。

この図によると、金銭面に限れば最も資産が少ないと見られる年代が、実は人的資本では最も裕福であることがわかる。繰り返すと、あなたが思っている以上にあなたは裕福な

のだ。

あなたはこう考えるかもしれない。すぐに何かを買ったり、消費したりできず、借金の担保にもならない資産の価値を知って何の役に立つのか、と。けれどもこれこそまさに、働き始めたときからリタイア後まで繰り返し行わなければならない家計に関する意思決定で考慮に入れるべき資産なのだ。少なくとも、銀行や保険会社、運用会社から、あなたの金融資産の価値を一覧にした残高報告書を受け取るたびに自分の人的資本の価値を計算する習慣を身に付けなければならない。そうすることで、自分の純資産の一部ではなく、全体の状況を知ることができる。あなたの（資産の一部でしかない）金融資産が下落しても、人的資本は逆に増加することも少なくないはずだ。あるいは、その反対の場合もある。いずれにしろ、あなたの財務上の意思決定と快適な暮らしに本当

図1.2 もし望めば、リタイアした人でもまだ働ける

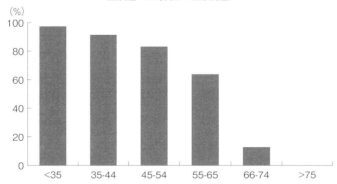

前提）割引率2%、所得の伸び率2%、年間の貯蓄率20%
出所）IFIDセンターによる計算、2012年

に必要なのは、金融資産と人的資本、家や非金融資産の総和なのである。

　人的資本を家計に関する意思決定の原動力や誘因と見る考え方を広めたのは、1992年にノーベル経済学賞を受賞したシカゴ大学のゲーリー・ベッカーだった。彼は1964年に、経済発展の促進に果たす教育の重要性を論じた『人的資本』（東洋経済新報社、1976年）というシンプルな題名の本を出版した。彼はその中で、米国国勢調査局のデータを用いて教育への投資から得られるリターンの割合が大変高いことを実証した。彼の分析によれば、教育を受けることに、あるいはさらに高めることに投資した時間と努力にはそれに応じた価値があるだけでなく、経済的な成功の重要な鍵であることがわかる。

　ベッカーの先駆的な分析は発表当時、賛否両論を呼んだが、人的資本を真正な資産クラスとして認めた最初の理論の一つだった。その当時、大学などの高等教育は金持ちだけが購入できる贅沢品と考える人が多かった。ベッカー教授は、教育費の支出は消費や浪費ではなく、投資と考えるのが最も適切であることを教えてくれた。

　だからこそ、例えば脳外科医になろうと決めたら、医療産業に投じた人的資本という金脈を広げるために、人生のうち15年ほどの期間と、その間に受け取る給与を投資する。新米の専門医学実習生であればわずかな金融資産と、場合によっては教育費を賄うための多額の負債を抱えているが、それでもその人的資本の価値は数百万ドルに値する。一方で、もしあなたが自動車整備工の6カ月コースに入学することを選んだら、人的資本をほんのわずかしか投資していないことになる。この投資は比較的早くキャッシュフローを生み出すだ

ろうが、所得の安定性にはさほどつながらない。人的資本の拡大に時間や努力をあまり投資しなかった場合、「安物の」人的資本のリターンの割合は大変低くなる。

表1.8は、授業料、その他教育費支出と、その結果のトレードオフをまとめたものである。勉強する間は時間を犠牲にし、給与を放棄することで、結果的に人的資本を増やすことができる。つまり、将来の収入の現在価値の増加分が、学校に余計に通う費用をわけなく吸収してくれるわけだ。例を挙げれば、**表1.9**の分析によると、現在の収入が5万ドルで、特定の大学院学位を取得するために8万ドル投資することにした場合、一見大きな支出に思えるこの金額も、給与がわずか6550ドル、あるいは13.1％上がれば回収できる。

この表にある数値にはたくさんの仮定が含まれているのは事実であるが、それでも一般的な関係には当てはまる。

これでも納得できない人には、**表1.10**で示されたさまざまな投資に対する年率リターンによって前述した要点を説明しておこう。ブルッキングス研究所が行ったこの研究では、1950年から2010年までのデータを使い、年率リターンを実質ベース（すなわち、インフレ調整したもの）で算出している。結果は驚くべきものだ。金融、非金融資産は年率で0.4％〜6.8％と、貧弱なリターンしか生んでいないのに対し、

表1.8　学校と人的資本の分析

総金融資産　＝	金融資産　＋	人的資本
教育投資なし（現状維持）	給与を得る。時間と学費が不要	給与はそのままで、増えないだろう
学校に戻る	給与を失い、時間を失い、学費を払う	人的資本の現在価値は、前より上がる

出所）ミレブスキーとIFIDセンター、2012年

表1.9　教育への投資を回収するには、どれくらい給与が上がればよいか？

	教育費				
給与	20,000ドル	40,000ドル	60,000ドル	80,000ドル	100,000ドル
25,000ドル	10.20%	13.10%	16.10%	19.00%	21.90%
50,000ドル	8.80%	10.20%	11.70%	13.10%	14.60%
75,000ドル	8.30%	9.20%	10.20%	11.20%	12.20%
100,000ドル	8.00%	8.80%	9.50%	10.20%	10.90%

前提）教育期間は2年、給与は毎年3％増え、20年間働くものとする
出所）ミレブスキーによる計算、2010年秋

　人的資本はまさにバランスシートの資産側（借方、左側）の大黒柱で、年率15％以上の収益を上げている。一般に、大学の学位への10万2000ドルの投資（4年間の学費と、放棄した給与の合計）には、年率で15％以上のリターンがある。同じ研究によれば、生涯所得は高卒と比べて平均で57万ドル多くなっている。このことから見て、高い年率リターンという報酬をより長い期間得られるように、できるだけ早く人的資本を築き上げるのが大切であることがわかる。

　単に一般的な大学卒の学位を持っているだけでは、人的資本を形成するのに十分ではない。表1.11の、最も高い給与

表1.10　さまざまな投資の年率リターン

投資	年率実質リターン
大学卒の学位	15.2%
株式市場	6.8%
AAA格の事業債	2.9%
金	2.3%
財務省長期債券	2.2%
住宅	0.4%

出所）ブルッキングス研究所 "Where is the Best Place to Invest $102,000—In Stocks, Bonds, or a College Degree?" 2011年

の職を得られる8つの専攻科目を見ればそれがわかる。当然ながら、これら8つの工学系の職業には共通する点がある。どれも高度な技術分野であることだ。これらの仕事の給与を、教養系の専攻科目の4万8350ドルや3万2555ドルと比べてみると、その差は歴然としている。工学を学んだ人は、教養（や他の）専攻の人より人的資本の価値が明らかに大きい。

　なぜ工学系の学位は価値が高いのだろうか？　その理由の一つは、スキルの高い技術者の供給が少ないことである。工学系の課程に進む人はわずかで、きちんと卒業できる人の数はさらに少ない。それに比べて、教養系の学位を取る人はもっとずっと多く、卒業生の供給も途切れることがないので、労働市場が飽和状態になってしまう。また2つ目の理由として、工学系の職に就くには簡単に習得できない高度な技術的スキルセットが必要なため、他のスキルを持つ労働者では代替できないことがある。さらに言えば、工学系の職は一般的に不況に強く、従ってそれに関わる人的資本も比較的安定し

表1.11　2010年冬時点の、専攻分野別・大学新卒給与額

学んだ専攻科目	専攻科目に対する平均提示給与
石油工学	86,220ドル
化学工学	65,140ドル
鉱山工学	64,550ドル
コンピューター科学	61,205ドル
コンピューター工学	60,880ドル
電子工学	59,000ドル
機械工学	58,400ドル
生産工学	57,700ドル

出所）全米大学・雇用者協会（NACE）"Winter 2010 Salary Survey of Employee Offers"

た状態が続く。

　金融危機を振り返ってみると、個人のバランスシートに人的資本がほんのわずかしかなく、ほとんどが金融資産で構成されていた人は、純資産に大きな打撃を受けて苦しんだ。それに対して、技術者のように大きな人的資本を持っている人は、どちらかと言えば痛手を受けずにすんだ。彼らのスキルセットと所得を得る能力は比較的影響を受けなかったからである。このように、人的資本の価値を過小評価してはならない。人的資本のリターンは高く、景気が悪いときにもあなたの純資産を守ってくれるのだ。

　残念ながら、「自分」株式会社の人的資本は限られている。図1.3に示したように、人生の衰退期に差し掛かり、リタイアの時期に入ると、人的資本を使って新たな金融資産を築く能力は劇的に減少する。

図1.3　あなたの資産構成は、年齢とともに変化する

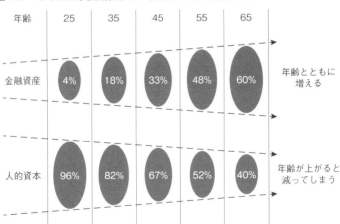

出所）イボットソン・アソシエイツ

58

そのため、「自分」株式会社の財務状況を健全に保てるかどうかは、限りある人的資本を金融資産に換え、人的資本という「金鉱」が掘り尽くされたときに、自分と自分の家族を十分支えてくれるだけの金融資産を持っているかどうかにかかってくる。

　これから数章で、この重要な資産の大きさが、生涯にわたって直面するさまざまな投資の意思決定に関係してくることを紹介する。人的資本の価値は生命保険などの保険契約の際に考慮すべきであり、人的資本の危険性はあらゆる投資判断に組み込まれるべきものである。

まとめ

* 40歳の典型的な人は、100ドルの資産に対して55ドルを超す負債を抱えている。全体を見れば、典型的な世帯の家計は100ドルの資産に対して37ドルを超す負債を抱えている。退職口座にある資産額の中央値はわずか4万8000ドル（約500万円）であり、まったく保有していない米国の世帯は44％を占める。こうしたことから、米国人の多くはリタイア後に生活水準を劇的に下げるか、想定した時期よりリタイアを延期しなければならない状況にあると言える。
* 従来の会計手法では、個人の純金融資産と自己資本は、資産価値から負債の評価額を引いて算出する。
* たとえ金融資産をわずかしか持っていなくても、あなたは自分が思っている以上に豊かである。実際には、数百万ドルの資産を持っているとも言える。それが人的資本と呼ばれるものだ。人的資本を、最終的にあなたの「退職資産」

になる「資産の芽」と考えよう。
* 年を取るとともに、あなたは人的資本を金融資産に変えていく。両方の資産を足し合わせたあなたの総資産は、時間と共に増加していく。
* あなたの仕事にどれくらいリスク（給与の変動など）があるかによって、自分の人的資本が株型なのか債券型なのか、あるいはその混合なのかを考える。このたとえはすぐ後の、生涯の人的資本と金融資産の両方を考えた、包括的な資産配分について説明する際にまた登場する。
* 確定給付年金をほとんど、あるいはまったく得られないと見込まれる人は特に、生涯にわたって安定的なインカムを確保できるよう、より慎重に人的資本から金融資産への転換を管理・遂行しなければならない。
* 金融危機は、「家族」株式会社のバランスシートに大惨事をもたらした。負債は増え、資産は減り、純資産は23%も減少した。リタイアを控えた人たちは、この金融危機がリタイア戦略の持続可能性に与えた影響を再考する必要がある。

章末注

Modigliani（1986）では、ノーベル賞につながる彼の先駆的な研究や、ライフサイクル仮説をいかに作り上げたかが述べられている。こちらもノーベル賞を受賞したBecker（1993）の著書には、人的資本への投資に対する経済リターンの草分け的な論文がたくさん収められている。Bodie, Merton, and Samuelson（1992）には、人的資本を、基本的には債券として扱える一つの資産クラスとした金融経済学で最初の正式な論文が書かれている。Ibbotson, Milevsky, Chen, and Zhu（2007）では、人的資本に関するより専門的で数学的な分析を行い、また、この章や次の章のアイディアを拡張する実際のケーススタディや例をたくさん挙げている。Lee and Hanna（1995）は、

ファイナンシャル・プランニングという文脈で人的資本を考える方法についての初期のペーパーを書いている。Lleras（2004）の著書は、人的資本への投資に対する内外のリターンを扱った入手可能な本である。話は違うが、金融危機を取り巻く出来事の読みやすい説明としては、元財務長官のHenry M. Paulson（2010）の著書、およびAndrew R. Sorkin（2009）の著書「Too big to fail（邦題：リーマンショック・コンフィデンシャル、早川書房）」には興味をそそられる情報が豊富にある。

1 訳注：条件が折り合わず結婚をあきらめることも多いということ
2 訳注：家の購入や「子供」株式会社の設立やスピンアウトなど、世帯のいろいろな取り組みを指すと思われる
3 訳注：原文では「アニュイティ（annuity）」となっている。アニュイティとは、毎年一定額のキャッシュフローが発生するものであり、本書では「個人年金」と表記する。ちなみに、ペンション（pension）は「年金」と表記する
4 訳注：全体で取れるリスクを決めたうえで、どの目的のリスクをどれくらい負うか配分したもの
5 訳注：この種の資産を持っている人を対象として

[日本の読者への補足説明]

　この章では「人的資本」という考え方が紹介されています。人が持つ最も大きな資産になります。退職した高齢者が金融資産を多く持っているのは、長い時間をかけて人的資本を金融資産にほぼ転換し終えたからであり、世代間で不公平なわけではありません。若い人はこれから稼ぐ力＝人的資本をたくさん持っているのです。

　本書のような詳細なデータをそろえるのはなかなか難しいですが、日本でも年齢層別の貯蓄・負債状況は**表1.7**と同じ傾向を示しています。長期的な収支を勘案して計画を立て、実行していく必要性がおわかりいただけると思います。これに、さらに人的資本を入れていくことが本書のねらいです。バランスシートという一時点の分析だけでなく、ファイナンシャル・プランニングに人的資本を含めていくことになりま

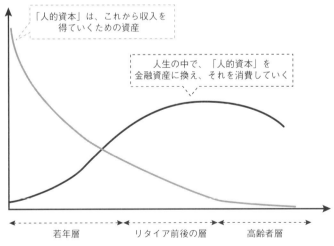

出所）野村證券

す。

　きちんとライフプランを立てれば、収支計画や資産の管理・運用に将来の収入も織り込まれます。が、この本ではもう一歩進めて、自分の人的資本の大きさや特性をよく理解し、また、定期的に評価し、全体の資産管理に使おうと主張しています。もう少し進むと、この本の原題「あなたは株ですか、債券ですか？」が人的資本の特徴を指していることがわかります。

　この本や従来の考え方では、人的資本は若いときの教育によって形成し、生涯をかけて金融資産に転換していきますが、『LIFE SHIFT（ライフ・シフト）』（グラットンら著、東洋経済新報社）にもあるように、人生が長くなると、人的

世帯主の年齢階級別貯蓄・負債現在高、負債保有世帯の割合

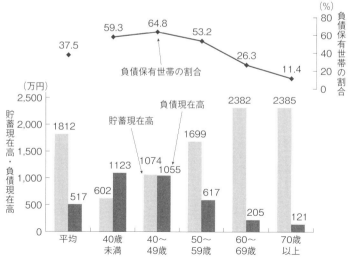

出所）総務省「家計調査報告（貯蓄・負債編）－平成29年（2017年）」

第1章　「自分」株式会社　63

資本を再び積み上げていくという考え方が必要になるでしょう。これを盛り込むためには、さらなる理論の発展や事例の蓄積が必要になります。

Chapter 2: Insurance Is a Hedge for Human Capital

第2章
生命保険は人的資本をヘッジする

思い込み2：「私は若くて健康だから、まだ生命保険に入る必要はないな。もっと年を取って、もっと死が現実のものになってきたら、もっと真剣に考えよう」

数年前、MBA取得を目指している比較的年配の学生が、保険に関する私の講義の最中に、数百万ドルの保険契約に対して長年苦労して保険料を払っていることに不満を漏らしたことがある。今考えれば、生命保険契約に対して支払ったお金がまったく投資リターンを生まないように見えることにいらだっていたのだと思う。私はふざけてこう答えた。「実は私の妻はイタリア人で、シチリアに血縁者がたくさんいるから、きみの投資が大きなリターンを生む手配をしてくれる人間もよく知っているよ。マフィアふうの手配をね[1]」

　実のところ、リスク管理目的で購入される金融商品の大半を占める生命保険契約は、投資ではなくヘッジツールと考えるべきである。妙な話だが、こうした類いのヘッジはお金（保険料）を失うか、無駄にすることを目標にしているのだ。どうだろう、あなたとあなたの家族は、数百万ドルの保険金ではなく、人的資本の方を持っていたいのではないだろうか。その質問に「イエス」と答えてくれることを心から希望する。

　とはいえ、保険の役割や価格決定をもっと細かく理解し、人的資本の「あなたは株ですか、債券ですか？」理論にどうはめ込むことができるかを示すために、この章では理論上と現実面でヘッジがどう機能するかを説明する。あなたがまだ若く、とりわけ自分の人的資本で家族を養っている場合には保険が極めて重要な役割を果たすことが、さらに理解できるはずだ。身体障害や重い病気といった、人的資本から最大の価値を引き出すのを邪魔する他のリスク要因にも同じ考え方が当てはまるが、ここでは生命保険に焦点を絞ろう。

生きる確率と死ぬ確率

　コインを投げたり、ルーレットを回したり、トランプのカードをめくったりするとき、表が出る確率、赤が出る確率、スペードが出る確率を計算するのは簡単である。これは、計算の基礎となる「確率分布」が広く知られているからだ。コインやルーレット、トランプが新しかろうが古かろうが、ラスベガスだろうがアトランティックシティだろうが、確率はまったく同じであり、数学者も全員がそう考えている。

　たとえばコインを2枚投げて表が並ぶ確率は、地球上のどこで、誰が投げようと25%である。ところが、人生や健康、死といった問題になると、状況は漠然としてくる。それぞれに該当する確率を導き出すための明確な確率分布は存在しない。医師があなたの健康や収入、教育水準を細かく知れば知るほど、多少はましな推定をしてくれるだろうが、それでもあくまで推定でしかない。

　詳細な情報がない場合、我々にできるのは、確率の上限と下限を論じるだけである。たとえば、あなたが米国に住む40歳の男性であることしかわかっていなければ、41歳の誕生日前に死亡する確率は0.10%～0.26%の間であると言うしかない。これは、いうなれば死亡率の楽観的推計と悲観的推計を示したものである。もしあなたが平均より豊かであるとか、豊かさや健康が平均以下であるとかがわかれば、確率の数値を上限方向か下限方向に寄せることができる。ある人の死亡率を見きわめるには、数えきれないほどの要因が関係してくる。あなたの教育水準、民族性、健康状態、習慣、婚姻状況などあらゆることが、どの年齢においても死亡する確率

に影響する。たとえば**表2.1**と**表2.2**は、教育水準がどう死亡率に影響するかを、年齢層ごとに男女別にまとめたものである。35～49歳で中学卒（高校中退を含む）の男性は、同じ年齢層の他の人と比べて翌年に亡くなる確率が1.56倍高いことがわかる。大学卒の男性を同様の見方で見てみると、死亡する確率は、同じ年齢層の他のグループと比べて極端に低くなっている。

こうした研究のどれにも当てはまることだが、2つの要因の統計上の相関関係と、実際の因果関係を混同しないようにするのが大切である。他にも多くの要因が、教育水準と長生きの関係に影響を及ぼしているからだ。極端な例を挙げれば、GED（訳注：一般教育修了検定；日本の大検に相当）

表2.1　教育水準と死亡率（男性）

	35～49歳	50～64歳	65～75歳
中学卒	1.56倍	1.36倍	1.23倍
高校卒	1.11倍	1.05倍	0.98倍
大学に入学したが学位を取っていない、あるいは大学中退	0.97倍	0.89倍	0.90倍
大学卒	0.55倍	0.64倍	0.62倍

出所）J.P. Cristia, August 2007, 連邦議会予算事務局, Working Paper 11, "The Empirical Relationship Between Lifetime Earnings and Mortality."

表2.2　教育水準と死亡率（女性）

	35～49歳	50～64歳	65～75歳
中学卒	1.61倍	1.48倍	1.26倍
高校卒	1.12倍	0.89倍	0.91倍
大学に入学したが学位を取っていない、あるいは大学中退	0.78倍	0.82倍	0.81倍
大学卒	0.58倍	0.64倍	0.68倍

出所）J.P. Cristia, August 2007, 連邦議会予算事務局, Working Paper 11, "The Empirical Relationship Between Lifetime Earnings and Mortality."

に受かったり、高校に入りなおしたりしても、急性の心臓病になった高校中退者が奇跡的に回復することはない。確実に言えるのは、高校中退と比べると高校卒全体の死亡率は低く、大学教育を受けた者の死亡率はさらに低いということだけである。となれば実務的な観点に立って、もし自分が死亡率の低い方のグループに属するとわかれば、計画を立てる際にリタイア期間を平均的な人より長く想定しておくべきである。もし死亡率が低ければ、このグループで若くして死ぬ人は極めて限られている。すなわち、90歳、あるいは100歳まで生きられる確率がより大きいということだ。

私が最も強く言いたいのは、生と死の本当の確率は知りようもなく、個々の特性によって変化することである。我々にはせいぜい一般的な推計に頼ることしかできない。

この本では悲観的推計と楽観的推計、またはその中間の推計を取り混ぜて使っているが、これは要点をわかりやすくし、大局的な見方をするためである。表2.3は、生存確率に推測がどう影響するかを示している。

ご覧のように、楽観的推計と悲観的推計のどちらの列も、この先10年間に死亡する確率は40歳よりも80歳の方がかな

表2.3 この先10年間で死ぬ確率はいかほどか?

現年齢	楽観的な推計 男性	楽観的な推計 女性	悲観的な推計 男性	悲観的な推計 女性
40	1.9%	1.0%	3.7%	2.1%
50	4.8%	2.7%	8.1%	5.0%
60	10.6%	6.7%	18.9%	12.2%
70	27.1%	18.0%	39.5%	27.2%
80	56.6%	48.3%	73.3%	59.7%

出所) 米国社会保障庁、1996 Annuity 2000 mortality tables より IFID センターで計算

り高い。楽観的な推計の例を見ると、80歳の女性がこの先10年間で死ぬ確率は50％近くになっている。もっとはっきり言えば、現在80歳の女性のおおよそ半分が10年間は生きられないという意味になる。

そう考えるのは悲しいが、この数値は、近々死ぬ確率の高い80歳の女性には巨額の生命保険を掛けるべきであることを示しているのだろうか？　いや、それは絶対に違う。つまるところ、肝心なのは人的資本の価値であって、必ずしも死亡確率ではない。

それがなぜかを理解するために、標準的な10年契約の生命保険がどう機能するかを考えることから始めよう。あなたは、自分が死んだら受取人に支払われる多額の保険金と引き換えに、比較的少額の保険料を毎月支払う。この先数年で死ぬ確率はごくわずかだが（1万分の1程度だろうか）、人的資本を失うことで生じる損失の規模は非常に大きい。

図1.3を思い出してほしい。通常、年齢を重ねるに従い、人的資本の価値は金融資産に転換されていく。働いている間に、労力を注いで資産を生み出す。このため就業期間に投じるであろう労力のすべてに保険を掛けたいと思う。あなたが生命保険を契約するのは、まさしくそのためである。図2.1は、これを図で表したものである。

この図の横軸はあなたの年齢で、縦軸は人的資本の価値を示している。あなたが学校を出たばかりで、まさにこれから30年、40年の職業人生に乗り出して行くところだとしよう。あなたにはこの先、長い生産的な就業期間があるので、人的資本の現在割引価値は極めて高い。もしあなたが30代、40代、50代で死ぬと（あるいは回復不能な障害を抱えたり、働けなくなったりすると）、扶養家族はあなたの人的資本のうち、

かなりの年数分を失ってしまう。一般的にそうした損失が生じる確率は低いのだが、金銭面での損失の規模はきわめて大きく、大打撃を与えかねない。もし損失の確率と規模という2つの要素が合わさると、生命保険の必要性は**図2.2**の左上の範囲に入るので、あなたはこのリスクに備えて保険を買うべきである。

こうした考え方は、人的資本の価値をひどく冷淡に、突き放して見ているように思えるかもしれない。何と言っても、人間は将来の賃金や年金の価値よりはるかに大切なものだからだ。我々は愛する人を立ち直らせるために、自分の所得や年金額をはるかに超える何百万ドルものお金を遺すこともできる。けれども、私が1つだけどうしても言っておきたいのは、保険はあくまで、あなたの死による金銭的な損失から大切な人を守るためのリスク管理ツールに過ぎず、死に伴う精

図2.1　大まかだが、要点はつかめる

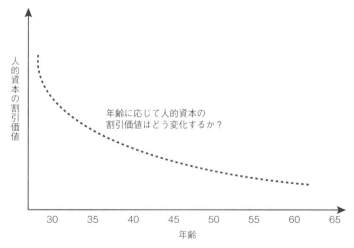

図2.2　保険理論——保険料を無駄にするな

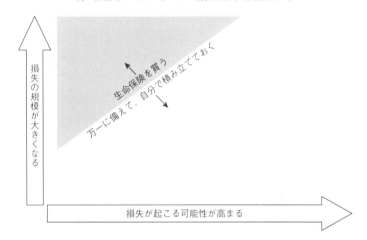

神的苦痛を埋め合わせるためのものではない点だ。いくらお金を積んでも、そんなことはできない。

もう一度、**表2.3**の80歳の女性に話を戻せば、彼女の損失の（あるいは死亡の）確率は高く、将来の収入の金銭的価値（つまり人的資本）は大きく減っている。そのため、損失の相対的な規模も同じくとても小さくなっており、彼女の保険ニーズは**図2.2**の右下に位置付けられる。要するに、この表の2つの要素のバランスを取り、この2つを「自分」株式会社の冷静なリスク管理の重要な構成要素だと考える必要があるということだ。

生命保険のコスト

あなたはすでに、**図2.2**の中で自分がどこに位置するかを

見極め、家族の経済的な安定を守らなければならないと決意したことだろう。では、必要な生命保険の額はどれくらいで、保険料はどれくらい覚悟しておくべきだろう？

　理屈では、保険料は保険から生じる利益の現在価値を、保険金が支払われる事象（保険イベント）が起こる確率で調整したものになるはずである。これは期待現在価値による価格付けと呼ばれる。しかし実際には、さまざまな理由で価格（保険料）は保険から生じる利益の価値とはそれほどきちんと関連付けられているわけではない。第一に、利益ゼロの原価で売られる商品は存在しない。あなたが払う保険料は、実際には保険会社が支払うと期待される額よりかなり高くなっている。というのも、保険販売も株主へのリターンを生み出すビジネスだからである。価格が一致しない2つ目の理由は、保険の契約者と保険会社の間に情報の非対称性があるからである。この非対称性は、以前に触れたのとまったく同じ問題から生じる。つまり、「2人の特定の個人を取り上げた場合、それぞれの死亡率は正確には知りようがないから、保険会社はどちらがリスクの高い契約者で、どちらがリスクの低い契約者かを明確に区別することができない」ためである。若い男性の運転の方が50歳の女性よりリスクが高いと考えられるが、それはあくまで一般論に過ぎない。

　こうした情報格差があるため、保険会社は、たとえば年齢や性別、地域性などによって分けた集団ごとに、そこに属するすべての保険契約者に単一の保険料を請求する。だいたいの場合、保険料は保険会社のリスク評価分析の中間あたりに設定される。実質的には、リスクの低い個人が保険を買う際の保険料は過大になり、リスクの高い人の保険料は過小になるわけだ。その結果、保険契約が任意のものであれば、リス

クの高い消費者の方が低い消費者より多く保険を契約するようになる。その方がお買い得だからだ。こうした作用は、保険経済学の用語では「逆選択」と呼ばれる。リスクの高い顧客の数が過大になるため、保険会社は対象集団に当てはめた当初の推計より高いリスクを取ることになる。そのため、保険会社は予想したものより多額の支払い請求をされることで、危険な状態に置かれかねない。つまり、「中間価格の設定」の結果、保険の「適正な」価格である、将来予想される支払額の現在価値とは差ができてしまうのだ。

こうした「保険理論」すべてが指し示す結論は、どんな種類であれ——生命保険なら特に——保険契約の購入は単に確率の問題だけではすまないことである。買い手と売り手の間で現実的な「駆け引き」が行われ、それも価格設定に影響を与える。この話題については、本書の後半であなたの投資とリタイア後インカムに保険を掛けるさまざまな方法を論じる際に再度取り上げよう。

生命保険の必要額

保険の価格設定はどちらかといえば科学の分野に入るものだが、あなたが保険でカバーしようと思う額を決める際は、それほど厳密なものとはならない。多くの人が、保険の掛け過ぎなどするはずがないと誤解している。保険を商売にしている業界はあなたにそう信じさせたいだろうが、私はそうは思わない。私は、保険金額には上限（インカム・アプローチと呼ばれる）と、下限（支出アプローチと呼ばれる）があって、その間のどこかが妥当と考えている（**図2.3**を参照）。上限とは、保険の掛け過ぎではないと言って差し支えない生

命保険の最高額を指す。下限は、保険額不足ではない、つまりあなたの家族や大切な人をリスクにさらすことがないと言える最低限の保険金額のことである。

インカム・アプローチ（上限法）では、あなたが働いている間とその先の期間でどれくらいお金を稼ぐことができるか、すなわち人的資本の価値を推定する。専門家の中には、先の数字から所得税に相当する額を差し引き（死亡給付金は非課税なので）、さらにあなたが生きていれば発生するはずの費用を差し引くことで、インカム・アプローチを精緻にしている人もいる。そうすることで、あなたに必要な保険金額を導き出せるわけだ。以下に単純な例を紹介しておこう。

自分が働いている間に得られる給与全体を推測し、現在の年齢30歳に割り引いたら100万ドルになったとしよう。これがあなたの人的資本の価値である。前述のインカム・アプローチを単純に適用すれば、100万ドルの定期生命保険を購入すればいいことになる。この場合、もちろん扶養家族がいると仮定してだが。もっと精緻なアプローチを使えば、この100万ドルは家族が非課税で受け取れるし、あなたがもう生きていないなら（ぞっとする響きだが）その分の費用が掛からないことを考慮して、あなたは100万ドルを2割程度減額することに決めることになる[2]。このやり方はどう考えても大ざっぱ過ぎるし、科学的とは言えないが、大事なのはインカム・アプローチによって上限が定まる点である。

もう1つのやり方が支出アプローチで、通常、保険金額は小さくなる。このやり方は人的資本の価値ではなく、あなたの家族がこの先の人生で使うと予想される費用に着目する。この場合、あなたは所得ではなく、そうした費用を賄うために生命保険を購入する。ご想像の通り、インカム・アプロー

図2.3 これは科学的ではないが、妥当なところだ

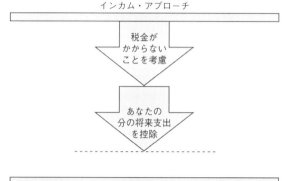

チと(家族の)支出アプローチとでは、あなたが必要と考える保険金額にかなりの差が出る。そして、あなたがお金持ちであればあるほど、所得が多ければ多いほど、この差も大きくなる。

支出アプローチがどう機能するか、例を挙げてみよう。あなたは毎年10万ドルの所得があり、今後も一生その金額が実質ベース(インフレ調整後)で維持されるという見込みがあるとする。インカム・アプローチでは生命保険で保障する金額として約100万ドルが算出される。ほぼ間違いなくこれは、あなたの賃金・給与の現在(割引)価値にあたる。支出アプローチを行って、食費や教育費など家族の生活費を計算し、それが50万ドルになったとしよう。この場合、50万ドルから100万ドルの間の金額であれば生命保険の死亡給付金として妥当と言える。いずれにしろ生命保険を契約する前

に、家族で集まり、できれば保険の専門家も交えてインカム・アプローチと支出アプローチの両方を行ってみよう。そうしたプロセスが大変意義あるものになるだろう。

我々は生命の価値を評価できるか？

9/11の痛ましい出来事の後、連邦議会が創設し、元裁判官のケネス・ファインバーグを長とした事業が、テロ攻撃によって死亡、または負傷した5500人を超す被害者の家族に補償基金を配分するという極めて困難で前例のない役割に取り組んだ。これは適切な配分方法を選択するという難題だったが、最終的に基金の配分には人的資本のような尺度が利用され、そこでは犠牲者の予想所得が補償額を決めるために重大な役割を果たすことになった。所得水準区分ごとの補償額の平均を表2.4にまとめてある。繰り返すが、もちろんどれ

表2.4 9/11犠牲者補償基金：所得水準ごとの、死亡した犠牲者に対する補償額

所得水準	補償額の平均
0ドル	788,022.03ドル
25,000ドル未満	1,102,135.44ドル
25,000〜99,999ドル	1,520,155.41ドル
100,000〜199,999ドル	2,302,234.80ドル
200,000〜499,999ドル	3,394,624.91ドル
500,000〜999,999ドル	4,749,654.40ドル
1,000,000〜1,999,999ドル	5,671,815.64ドル
2,000,000〜3,999,999ドル	6,253,705.42ドル
4,000,000ドル以上	6,379,287.70ドル
全所得水準	2,082,035.07ドル

出所) K. Feinberg, June 2005, What Is Life Worth?: The Unprecedented Effort to Compensate the Victims of 9/11.

ほどの補償額であっても、生じた損失や悲しみを埋め合わせるには十分ではない。とはいえ、この場合は経済的な損失に見合う基金配分を何とか実現しようという試みだった。

ご存じの通り、人的資本の経済価値を見積もるのは極めて困難だが、それを行わなければならないときもある。この表から、給与・賃金が高かった犠牲者は、所得の低い人と比べてどれくらい大きな補償を受けたか、おおよそのところは見て取れる。これを公平でないと考える人もいるだろうし、この方針については賛否両論があるだろうが、人的資本の価値と給与・賃金の間には強い関連があることは間違いないところだ。

生命保険の種類

ようやく自分の人的資本に保険を掛けることを考えるところまでたどり着いたら、今度はそれぞれ「定期」「長期」という奇妙な名称がついた2つの基本的なカテゴリーから生命保険を選ばなければならない。この2つは自分に保険を掛ける手段としては大きな違いがあり、金融リスク管理プロセスという観点からこの違いを理解することは大切である。私は現実的な利点から2つの保険を組み合わせ、その配分を人生の道のりに合わせて変えていくことが重要だと考える。

定期生命保険は、1年、5年あるいは10年といった一定の期間に対して、付帯サービスなしで自分に保険を掛けるものである。毎月払う保険料は保険期間内で一定で、保険期間が終わると保障も終わる。償還や返金、解約返戻金は契約に用意されていない。自動車保険や住宅保険、あるいは期限が切れた翌日には保証がなくなる保証延長サービス[3]のようなも

のである。生命保険という観点から言えば、保険期間が終われば契約は無価値になる。もちろん、保険期間中に亡くなれば、受取人が契約金額（死亡給付金）を受け取る。保険期間が終われば、別の保険契約を結ばなくてはならなくなる。次の期間に向けて自分のニーズを見直し、同じ手続きが行われる。

　定期保障は、一時的なニーズに対してもってこいのものである。たとえば、あなたが家を買ったばかりで、巨額の住宅ローンを抱えていれば、ローン返済中にあなたの身に何かよくないことが起きたときのために、何らかの定期保険で負債を保障したいと思うだろう（訳注：日本では団体信用生命保険〈団信〉があり意識されないことも多いだろう）。定期保険は子育て中の若い夫婦、あるいは主たる稼ぎ手に何か起きたら家族が重大な財政的な危機に直面する場合に有用である。人的資本の価値は若い間は大変大きく、あなたはそれを守らなければいけないことを思い出してほしい。

　先に紹介したインカム・アプローチか支出アプローチに従って、かなりの額——おそらくは年間給与の8倍から10倍の定期生命保険を掛けた、子供がまだ小さい若い夫婦がいると想定してみよう。図2.3のようにインカム・アプローチと支出アプローチのどちらを行ったとしても、保険ニーズは時とともに変化する。図2.1の時間軸に沿って進むと、人的資本の価値は下がっていく。その一方で、子供が成長して独立すると家族の費用も減る。むろん別の負担が生じたり、扶養家族が増えたり、あるいは人的資本が急上昇したりと、原則から外れる出来事が起きることは考えられる。それでも、年を取ってから保険契約を見直すと、保険料は上がる。なぜかと言えば、年齢とともに死亡率が上がるので、保険会社はその

リスクに備えるために保険料を上げなければならないからである。だいたいの場合、加齢に伴って生命保険を買い増すのは理屈に合わない。

　人的資本を別のものに置き換えることを考える際に、私は所得を「正式」なものや、誰が見てもわかるものだけに限定しない。同居する両親や専業主婦、介護者などがさまざまなサービスを家族に提供しており、そうしたサービスは他のもので代替すればかなりの費用がかかる。

　要するに、定期生命保険の重要な特徴はその一時性であり、貯蓄性がないことである。保険と貯蓄はまったく別物なのだが、初めて聞いたときには変に感じるだろう。だが、これから述べる長期生命保険には貯蓄が構成要素になっている。

　長期保障（長期生命保険）とは何だろうか？　この種の保障は業界では、終身生命保険（whole life insurance）、ユニバーサル生命保険（universal life insurance）、定額生命保険（level life insurance）などの名称でも提供されている。長期保障にはさまざまな種類があるが、基本的な考え方は、毎月、あるいは四半期ごとに支払う保険料はずっと同じ金額で、貯蓄機能がついているものだ。であるから、たとえば毎月100ドルを支払ったら、そのうち60ドルは保険料に、残りの40ドルは付帯の貯蓄口座に行くことになる。実際のところ、こうした生命保険契約には単なる保障以上のもの——投資価値も含まれているのだ。

　なぜ貯蓄が必要なのか？　定期生命保険では、年齢とともに死亡率も上がるために年ごとに保険料が上がっていく。そればかりか、70代、80代になると、保険料が法外に高くな

るだけでなく、どんなにお金を払っても保障が買えない場合もある。定額生命保険、あるいは終身生命保険は契約期間の前半で余分の保険料を払い、後半の分を埋め合わせる仕組みになっている。定額生命保険の保険料は、まだ若い間は定期保険の保険料よりも高いが、それがのちに逆転して定期保険より安くなる。そこに貯蓄機能が生じる。初期の保険料は払い過ぎているので、その超過分を別の投資先に回せるからだ。場合によっては、超過分の投資先を自分で選べることもある。年を取って、年間の保険料があるべき水準を下回るようになると、貯蓄のいくらかが埋め合わせのために取り崩される。ユニバーサル保険契約と呼ばれるものでは、いつでも超過分の貯蓄を引き出したり追加したりできるので、あなたは急な出費に使える基金を持つことになる。

　あなたが一生続けていかなければならないリスク管理の手法を要約するために、図2.4を用いて、生命保険とリスク管理に関するもう少し精緻な考え方を紹介しておこう。若い頃にあなたや家族が直面するリスクは、あなたの死亡率や危険率が「急上昇」し、家族が人的資本の供給源を失うことである。そのために、若い頃は死亡率を「買い持ち（ロング）」する金融商品を買う必要がある。ここで言う「買い持ち（ロング）」とは、死亡率が急上昇したときは、保険会社が家族に死亡給付金を支払うという意味である。あなたがとても若く、多くの扶養家族を抱えている場合は、おそらく数百万ドルの価値のあるポジションを取りたくなる、つまり死亡率の買い持ちをやりたくなるだろう。稼ぎ手を亡くしたときに家族が失う、数百万ドルの価値がある人的資本をヘッジしなければならないからだ。その後、年を取るにつれて、買い持ち

ポジションの規模や大きさを減らしていく。（願わくば）子供が独立して家を出て、あなたの死亡や障害によるリスクから家族を守るに十分な金融資産ができた時点で、あなたの家計面での責任と義務は（願わくば）減り始めるからだ。そればかりか、リタイアが近づけば、死亡率の買い持ちポジションはもはや必要なくなるだろう。というのも、あなたの人的資本を失っても家族は財政面の危険にさらされることがなくなるからだ。ここまで来れば、後に残るのは喪失感だけになる。

　ところがその後、全面的なリタイアに入ると、あなたのリスクは反対の方向にシフトする。今度のリスクは、あなたの死亡率が急落することなのだ！　すでに人的資本のほとんどを金融資産に転換して、それ以上の金融資産を生み出す能力は十中八九失われているはずだ。あなたが持っているのは、残りの人生の間持ちこたえなければいけない、限りある退職資産である。あなたが直面しているリスクは、思っていたよりも、そして退職資産が支えられるよりも長生きすることである。また、どこかの大手製薬会社が寿命を伸ばす薬を開発し、これがさらにあなたの死亡率を下げるリスクさえ存在する。そう、それもリスクなのだ。こうしたことすべてが指し示すのは、年を取ったら死亡率を「買い持ち」せず、「売り建て（ショート）」すべきであることだ。そのための最良の方法は長寿保険と個人年金を活用することだ。

　このテーマについては、第8章「リスクある世界でリタイア後を過ごす」と第9章「個人年金」でさらに詳しく論じる。しかし、さしあたっては、生涯のフィナンシャル・プランの一部として、生命保険の役割を念頭に置き、理解することが大切である。人生が進むに従って、保険に対するニーズは変

図2.4 あなたの死亡率のデイトレーディング

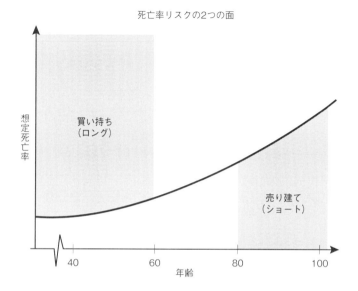

わり、その変化に合わせていく必要がある。生命保険のリターンは基本的にマイナスである。これは、プラスの投資リターンを生み出すという従来の考え方からすると、お粗末な投資である。それでも、あなたの人的資本はとても価値がある資産で、保護されるべきである。保険契約のリターンはマイナスになるだろうが、人的資本からのリターンは確実にプラスになる。この逆相関関係があることから、保険が素晴らしいリスク管理、あるいはヘッジツールになる。現代ポートフォリオ理論の用語を使えば、生命保険のリターンと人的資本のリターンは完全に打ち消し合う関係になる。これは、あとの章で詳しく述べるとおり、ポートフォリオ全体のリスクを下げるための好材料となる。

まとめ

* 基本的な生命保険の用途は、あなたが若く、収入やサポート面であなたを頼る扶養家族がいるときに、自分の人的資本をヘッジすることである。
* 基本的な生命保険は投資目的ではない。妙な話だが、最良の結果は払い込んだ保険料が無駄になって、マイナス100%のリターンを得ることである。
* 資本市場での投資の用語を使えば、若い頃には死亡率リスクを「買い持ち（ロング）」すべきである。もし死亡率が急上昇すれば（あなたが亡くなれば）、あなたの扶養家族にはお金が支払われる（死亡保険金を受け取る）。だが、本書の後半で詳しく説明するように、老齢になったら「売り建て（ショート）」し、長生きリスクをヘッジすべきである。終身年金を利用することでこれが可能になる。
* 人生の後の方では、人的資本と死亡率リスクをヘッジする生命保険へのニーズは減る。遺産相続のためにある程度の生命保険を持っておきたいだろうが、これは主として税対策のためである。加齢とともに、リスク管理の目的は自分の資産より長生きするリスクに移行すべきだ。

章末注

この章で取り上げた素材のいくつかは、Milevsky and Gottesman（2004）を参考に、Aron Gottesmanと共に行った共同研究が基になっている。生命保険に人的資本を適用するというアイディアは、80年ほど前にWharton School of BusinessのProfessor Solomon Huebnerが考え出した。Milevsky（2012）の "The 7 Most Important Equations for Your Retirement（未邦訳）"

の6章に、S.S. Huebnerと彼の業績についてより詳しく記してある。Huebnerは、人的資本を生命価値と呼んでいる。米国で入手可能な生命保険の詳細については、より深い相対比較を行っているBaldwin（1994）の著作を参照してほしい。Ostaszewski（2003）は、人的資本の壊滅的な喪失に対するヘッジとしての生命保険等アイディアを掘り下げている。最後に、Ibbotson, Milevsky, Chen, and Zhu（2007）によるCFA協会の研究論文では、より専門的ではあるが、さらに多くの事例研究と、所与の個人、リスク許容度、そして職業から弾き出した最適な生命保険契約金額の数値例が提供されている。この章で示したことの多くは、これらの参考文献から着想を得ており、研究熱心な読者には、より多くの知識を得るためにこれら原典を当たることをお勧めする。

1 訳注：生命保険のリターンとは…
2 訳注：割り引いた所得の現在価値に対して給与を受け取る際の所得税、および資産の運用益にかかる税金などを考慮するが、あくまで決めの問題である
3 訳注：家電量販店などが提供している家電製品等の保証サービスを想像するとよい

[日本の読者への補足説明]

　この章では、人的資本をヘッジするツールとして生命保険が導入されています。ヘッジとは、万が一の時に特にお金の面で最悪の事態にならないよう手を打っておくことです。「万が一が起こらないこと」が一番好ましく、その場合、ヘッジにかかるコストは無駄になったように見えます。つまり、保険料は返ってこないのが好ましい状態なのです。

　この章で取り上げられている生命保険は、日本にもある基本的なものです。日本の方が平均寿命が長く、死亡率は低いでしょうが、基本的な考え方は同じで、大切な人的資本を適切にヘッジすることが肝要です。そのために、必要保険額や保険料についてしっかり把握する必要があります。

　また、リタイア頃からヘッジする方向が逆になるのも非常に面白いアイディアです。「人生100年時代」を迎えると言われ始めている今、図2.4のアイディアは非常に重要になりますし、長寿を十分にヘッジするためには、それなりの費用を払う必要があることもここでしっかり理解する必要があります。

表2.3を日本のデータで試算すると……〈この先10年間で死ぬ確率〉

今の年齢	男性	女性
40	1.6%	0.9%
50	4.1%	2.1%
60	10.2%	4.4%
70	24.1%	11.5%
80	59.5%	38.6%

出所）厚生労働省「平成28年簡易生命表」より野村證券作成

Chapter 3: Diversification over Space and Time

第3章
時間と場所の分散

思い込み3:「401(k)の資産をほとんど自社株式で運用するのはいいアイディアじゃないか。会社の動きを見張っていられるし、最近は株価も堅調だから……」

著名な経済学者のジョン・メイナード・ケインズは、分散投資を信じていないと言ったそうだ。2つか3つの良い株式を買い、それを持ち続けることが最も優れた投資戦略だと彼は考えた。これとは対照的に、フィデリティ・インベストメンツの伝説的ファンド・マネージャーであるピーター・リンチは、ひところ自身が運用する投信ポートフォリオの中で1000銘柄以上を保有していたと噂される。

　ケインズの言ったことはさておき（わずかしかない良い銘柄をどうやって見つけるのだろう？）、今では分散投資はビジネス戦略として賢いやり方であると理解されている。ノーベル委員会はこの30年間で、分散投資に関する理論を打ち立て、発展させてきたたくさんの経済学者に賞を与えている。もっとも、「1つの籠に卵を全部盛るな」という考え方は投資哲学として現代ポートフォリオ理論が登場するずっと前から伝えられていた。2000年以上前に編纂されたバビロニアのタルムード（ユダヤ教の教典）でさえ、人は資産を3つに分けるよう勧めているくらいだ。タルムードでは1/3は不動産に、1/3はお金に、残りの1/3を実業に、と振り分けているが、私なら気前よくここに株式も含めたいところだ。全体的に見て、悪い投資アドバイスではない。なにしろ、2000年も通用してきたものなのだから。

　なぜ分散投資は機能するのだろう？　だいたい、たくさん株式を買えば、それだけ駄目な銘柄を掴む可能性も高くなるのではないだろうか？　あるいは少なくとも、良い銘柄をつかむのと同じくらい、負け馬を掴む可能性があるのではないか？　分散しすぎて、株式数が多くなりすぎることはないのだろうか？　それに、もしそうなら、こうした考え方は一般的な問題として、投資信託にも当てはまらないだろうか？

北米では、今や何千という投資信託が売られている。どの投資信託が、「分散」と銘打てるだけ十分な数の株式を組み入れているだろう？　適切に「分散」するために、どれくらいの数の投信を持つべきなのか？　グローバル・エコノミーの台頭によって、どれくらい国際的なエクスポージャー[1]を持つべきか？　そして最後に、2章「生命保険は人的資本をヘッジする」で個人のバランスシートの見方について従来の枠を越えて進んだ今、我々は分散投資のコンセプトをどう調整すべきなのか？

　分散投資の効果に関するこうした疑問や、その他の関連質問に答えるために、この章では分散する理由の核心に注目し、あなたの選んだ投資が収益をあげるか、損を出すか、あるいは横ばいになるかの確率を検証する。リタイアに備えて蓄えている最中に分散投資を行う正確な理由を理解できれば、その後はリタイアした後のことに頭を切り替えることができる。私が強調したいのは、ポートフォリオから資金を引き出すことなくあなたが資産を積み上げていく際、理解しておくべき最も重要なコンセプトは分散投資であることだ。

なぜ分散が機能するか

　分散投資というテーマ全体を語るうえで1つ明らかにしておきたいのは、401（k）やIRAの資産を小口に分けて別々の商品を購入することには、そもそも魔法を生む力などないということだ。分散投資の効果は、資産を分けるプロセスや、別々の投信にお金を入れることから得られるのではない。そうではなく、大切なのは複数の投資先がどれくらい同じように動くかである。言い換えれば、それらが時間ととも

にどう振る舞い、動き、増えていくかである。すべてが足並みをそろえて動くのか、上がるものと下がるものが混在しているのか？　どう見ても、これが決定的な意味を持つ重要な疑問である。というのも、もし複数の投資先が同時に同じ方向に動けば、上がるにしろ下がるにしろ、分散投資は十分な効果を生み出さないからだ。もしすべてが上がるなら、投信や株をどれか1つ選んで持ち続けるほうがましである。すべてが下がるなら、分散は何の役にも立たない。

　分散を成功させる秘訣は、古い金言「正反対のもの同士は惹かれ合う」にある。投資用語を使えば、値動きの原因を共有しない国内外の経済セクターに分散せよということになる。たとえば、金融セクターと消費セクターの両方に投資しているなら、一方が軟調なときには、もう一方は堅調になるはずだ。あるいは、それをさらに石油・ガスや他の天然資源セクターに分散すれば、理屈上、前の2つのセクターが下がっても、残りの1つが堅調になる。この並列運動を定量的に表すには、統計学者が相関係数と呼ぶものを使う。相関係数は、マイナス100%からプラス100%の間の値を取る。言葉自体は少し専門的だが考え方は単純であるから、相関係数がどのように働き、なぜこれが投資のプロセスと分散の問題の基礎になるのかを説明しておこう。

分散投資の例

　これらの考え方をもっと具体的に表すために、分散の効果と、分散に付き物のトレードオフの例をお見せしよう。3種類の投信を想定してみる。1つ目はS&P500指数で表される株式市場のパフォーマンスに正確に追従、あるいは模倣し、2つ目は米国の債券総合指数に追従し、3つ目は1年物財務省

短期証券（T-Bill）に投資する。図3.1は、当初元本1000ドルをそれぞれの投信に投資した場合の、2007年1月から11年12月までのパフォーマンス推移である。

2007年1月にS&P500指数ファンドに投資した1000ドルは、2007年12月には1073ドルになった。同様に、米国総合債券指数ファンドと短期証券ファンドはそれぞれ1059ドル、1044ドルになった。

2007年は、S&P500指数は7.31%と素晴らしいリターンになったが、翌2008年は金融危機が起き、S&P500指数の価格は40%も吹き飛ばされた。長期的には株のリターンは上昇傾向が続いていたが、変動の大きかったこの5年間が終わる前にS&P500指数ファンドは競争から脱落し、最も悪い結果

図3.1　将来の予想はとても難しい

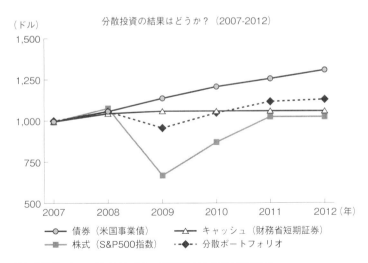

注）分散ポートフォリオは上の3つの資産クラスに等金額で投資
出所）IFIDセンターによる計算

第3章　時間と場所の分散　　91

に終わった（訳注：**図3.1**の■印）。未来を完璧に予測できれば、言うまでもなくこの期間で最も高いリターンを実現した米国債券指数ファンドを選んでいただろう。

今、あなたは（未来を見通す）占いの水晶玉を持っておらず、1000ドルをこれら3つの異なる資産クラスを等金額で保有するポートフォリオに投資することにしたとしよう。つまり、あなたは資産を333.33ドルずつそれぞれの投信に投資することでポートフォリオを分散させたわけである。この投資のパフォーマンスは、**図3.1**に点線で示してある。2007年1月に投資した1000ドルは、2011年12月に1128ドルに増えている。ご覧のとおり、この分散投信の価値は、債券指数だけに投資した場合に得られたものより小さい。しかし、S&P500指数ファンドや短期証券ファンドよりも大きい。さて、ここが重要な点である。分散投資の動きは凹凸が少なくなめらかになる。これが分散の効果なのだ。後知恵で、最高のパフォーマンスをあげた資産を選ばなかったことを悔やむかもしれない。だが、最高を避け高パフォーマンスをあげた資産からのリターンを十分に享受できない代わりに、最悪の変動と失望を回避することができたのだ。

つまり、あなたが注目している株や投信が3銘柄だろうと300銘柄だろうと関係なく、分散することで潜在的なトレードオフが起きることになる。それでも、一般的に分散は不可欠な投資戦略だと理解されている。分散の利益が、優れた株式1銘柄に投資することの潜在的な利益に勝るのはなぜか、またどれくらい勝るのかを深く理解するために、リスクを分解してみよう。

リスクの分解：システマティックと非システマティック

　まず理解すべきは、株式に関するリスクは、まったく異なる2種類のリスクを組み合わせたものであることだ。1つは一般市場リスクであり、もう1つは個別株リスクである。これらのリスクが何を意味し、なぜ両方とも注意することが大切なのか詳しく説明したい。

　一般市場リスク、あるいはシステマティック・リスクは、個別の企業の動向ではなく、経済全体の動きが原因で株価が動くリスクのことである。たとえば、FRBが前触れなく利上げを決定すると、市場全体にマイナスの影響を与える可能性がある。すなわち、買い手より売り手の方が多くなり、株価は下がる。同様に、もし景気が後退すると、一部の株式だけではなく市場全体に影響が出てくる。

　株価指数によって示される市場の値動きに近い動きをする個別株式は、それほど連動しない株式に比べて、一般市場リスクを多く負っている。

　また、企業の株価は、経済全体や市場リスクとは別のリスクも抱えている。個別株リスク、あるいは非システマティック・リスクとは、経済あるいは市場全体の変動とは別に、その企業と直接関連する事象によって株価が変動するリスクである。

　個別株や企業特有のリスクが生じる原因はさまざまに想定される。売り上げは急減したり、急増したりすることがある。企業が火災や妨害活動、集団訴訟、粉飾決算などで被害を受ける場合もある。逆に、特許権を取得したり、花形販売責任者や新しいCEOを雇ったりしたばかりかもしれない。

こういったことや、日々の業務のさほどドラマチックではない出来事が、大きな市場とは別個に株価の変化やボラティリティを生み出す。
　ここで、私が強調した点に戻ろう。市場リスクと個別株リスクの間には本質的な違いがある。市場リスクは分散によって消し去ることはできないが、個別株特有のリスクはなくすことができる。市場リスクは経済全体の動きの中から生じるからだ。単独の企業はある日壊滅的な事象に直面するかもしれないが、多数の企業が同じ日に同様の壊滅的な事象に遭遇することはまずありえない。従って、ポートフォリオの銘柄数を増やせば、重大な個別株リスクは減ることになる。
　現代金融経済理論の根本原理は、分散できないリスクからのみ投資家は報酬を得ることができるということだ。個別株リスクは、同じ業種やセクターの他の株式を保有することでも、実質的に取り除くことができる。一般市場リスクは、さまざまな業種やセクターから他の株式を数多く組み入れたとしても取り除くことはできない。
　以下は、投資理論に関する私の講義の後で、1人の学生が自分なりに理解して私にしてくれた例え話である。最初は奇妙に感じるが、核心をついている。
　NASCAR（ナスカー）という自動車レースは、アスリートが参加できる競技のなかでも、危険度のかなり高いものの1つである。もしNASCARレースの1つに参加できることにでもなれば、ドライバーは間違いなく、時速200マイルでコースを何周もすることの危険性を、高額のコマーシャル契約などレースに勝つことで得られる多くのもので相殺できるかどうか検討するだろう。実際、そうした利益の期待値は、NASCARレースへの参加というリスクを取ることに対する

報酬と見なすことができる。何度も言っているように、リスクと報酬は結びついているのだ。

では、あるドライバーが、たとえばデイトナ500というNASCARレースに出ることを承諾したとしよう。ところが、なぜかわからないが、彼はヘルメットや耐火素材製のレーシングスーツなど、他のドライバーが普通に使っている安全装備を一切使わないことにした。明らかに、このドライバーは自分にかかるリスクを非常に増大させたわけだ（おそらく、そんなことはレースの運営組織から禁じられているはずなのに）。果たして、このドライバーが追加的なリスクを負うことで追加的な報酬を求めるのは筋が通っているだろうか？ヘルメットを着けないNASCARのドライバーは、良いコマーシャル契約を取れるのだろうか？

理屈からすれば、答えはノーである。厳密に経済的な見方をすれば、ドライバーは自動車レースに付き物のリスクを避けることはできない。だから、そうしたリスクについては報われてしかるべきである。だが、もしリスクが避けられるものであれば、注意の足りない行動に対して補償は行われない。適切な防護をすればリスクはなくなるか、減るはずだから、そういったリスクを前提にした利益はないわけである。

そう考えれば、あなたの401（k）プランの分散は次の2つのどちらかになる。

* もしあなたが別個の投信や企業に分散すれば、変動や不安定さを減らすことができる。
* もしそうしなければ、そういった追加的なリスクについては報酬を得ることができない。投信や株式がバタバタ動くだけで、長期的にはほとんど得るものがないだろう。

国際分散投資の重要性

　ここまでは、国内株式の分散に絞って話をしてきた。もちろん実際には、投資家は、銘柄分散や業種セクター分散だけでなく、さまざまなタイプの投資によって分散することも、あるいはもっと大切な地域分散を行うこともできる。

　それぞれの国の市場には特有のリスクがある。投資家の多くは、ある国の市場で国内企業の株式を取引している。そのために、もしその市場に政治的、または経済的な大変動が起きると、市場内で取引される国内企業の株式はすべて影響を受ける。ただし、そうした事象は他の国の株式や企業にはさほど影響を与えない。

　国際分散投資によって、投資家は単一の国で生じるリスクを回避することができる。もっとも、国によっては国内の出来事が外国の株式にも影響を及ぼす場合があり注意がいる。たとえば米国や日本の経済は強大で、こうした国で起きた出来事は周辺地域や世界中の国に影響を及ぼすため、そのリスクを遮断するのは難しい。

　これと同じく有効なものに、別のタイプの分散がある。異なる投資資産クラスや投資カテゴリーをまたいだ分散である。たとえば、債券資産クラスには、個人向け国債、財務省証券その他、クーポンや金利が支払われる「安全な」商品が含まれる。また、不動産という資産クラスもあり、インフレリスクを減らすのに効果がある。確定利付商品の価値はインフレが進むと下がってしまう。反対に、不動産の価値はインフレに伴って上昇する。こうした資産クラスすべてを含むポートフォリオは、インフレリスクによる大きな変動から隔離

されている。

　流動性が異なる投資対象に分散するのも大変有効である。流動性とは、急病で倒れたり、家業が倒産しかけたりしたときに、投資家が保有するポートフォリオの全部、または一部を流動化する（現金化する）ためにかかる時間と費用のことである。たとえば、不動産は購入や売却の際に時間やさまざまな費用（仲介業者、法務関係、税金）がかかり、一般的に流動性の低い資産だと見られている。反対に、短期金融商品はすばやく低コストで現金化できる。

　ここで、米国や欧州で使われている2つの総合株式指数に注目してみよう。少し考えれば、この2つの市場がたがいにどう動くか、大別して3つの可能性があることがわかる。統計学者によれば、「正の相関」、「負の相関」、「無相関」、となる。

　最初の可能性、正の相関は、簡単に言えば2つの市場がおおむね同じ方向に動くことを指す。1週間、1カ月、1年といった単位で欧州株が比較的堅調に推移すると、米国株も同様の動きを示す。欧州市場が軟調なときには、米国市場もそうなる。2つの市場は上がるときも下がるときも同調する。この一緒に動く傾向が強ければ相関係数は大きくなる。もし2つの市場が完全に足並みを合わせて動けば、統計学者は相関係数が100％だと表現する。

　この反対が負の相関である。ある市場が平均より良いときに、他の市場は平均以下になる場合を言う。1週間、1カ月、1年といった単位である市場が比較的堅調であれば、もう一方は同じ期間、軟調になる。極端な場合は相関係数がマイナス100％となり、2つの市場が真逆の方向に動くことになる。

　もちろん、今のグローバル経済の中では、こういった負の

相関を示す市場を探すのは大変である。実のところ、上げ潮は全部の船を持ち上げるのが普通である（逆もまた同じ）。しかし、よくよく見れば、他の市場と逆の循環になっている市場セグメントをいくつか見つけることができる。あなたの401（k）やIRAの資産を、資産クラスでも国際的にも分散することが大変重要になるのはそのためだ。

　それでは、相関がどう働くかはっきり理解できたところで、例を１つ見てみよう。過去20年間で、米国株のリターンと欧州株のリターンの相関係数はおおよそ60％だった。これは、欧州株式市場が平均より良い月には、米国市場も同じく良かったことを示している。

　この20年間を振り返って、統計学者は正の並列運動の強さを０から100までの範囲で計測し、60という数字を得たわけである。これはまさに正の相関であるが、それほど強い相関関係とも言えない。それでもこの数字によって、少なくとも部分的には国際資本市場が歩調を合わせて動くことが、ある程度直観的に理解できる。

　では、なぜ私は相関をそれほど気にかけているのだろう？　別々の市場が足並みを揃えるかどうか、なぜそうなるのかなど、どうでもいいことではないだろうか？　ところが前にも述べたように、相関こそ分散投資を成功させる鍵であり秘密なのだ。そして、国際分散投資がなぜそれほど重要なのかも明かしてくれるものなのである。

ETFを使った国際分散投資

　国際分散投資の優れた手段の１つに、上場投資信託（ETF）への投資がある。この投資クラスになじみのない人のために言えば、ETFは金融商品の取引所で取引され、特

定の投資対象からなる指数（インデックス）に追従する。たとえば最大のETFであるSPDR[2] S&P500は、S&P500指数のパフォーマンスに追従する。またETFは、一般的に経費率と呼ばれるファンドの管理費用が比較的安い。

　なぜ投資家は、個別株ではなくETFを購入すべきなのだろうか？　それは、ETFはボラティリティの低さやリスク削減、コスト効果の高い分散投資といったさまざまなメリットを提供してくれるからだ。ETFは多くの株式から構成される総合指数に追従するため、先に論じた非システマティック・リスク（個別株リスク）のほとんどは分散される。そのおかげで、ETFがさらされるリスクは、投資家がそこから報酬を得る市場リスクだけである。さらに言えば、ETFは追従する指数を構成する数千種類もの株式を、少ない費用（平均0.5％未満）で実質的に保有できるのだから、コスト効果の高い分散方法でもある。1000銘柄もあるポートフォリオを持てば、取引手数料でもっとたくさんコストがかかるからだ。

　指数連動投信はETFと似た性質を持っている。ベンチマークに追従し、効率的な分散方法を提供し、費用も一般的に低い。それでも、いくつかの重要な点でこの2つは異なっている。

＊ETFは株式と同じく一日中取引されているから、投資家は指数連動投信のように一日の終わりを待つことなく、ただちに売買できる。
＊ETFのほうが一般的に税効果が高い。というのも、投資家は保有資産を現金化するのに、解約ではなく、他者に売却できるからである[3]。

＊ETFは自動的に配当を再投資しない。代わりに、そのお金は投資家の証券口座に滞留する。投資家はこのお金を自分自身で再投資しなければならず、それには取引手数料がかかる。指数連動型投信のほとんどは、自動的に分配金を再投資する。
＊また、ETFは対象指数に追従するので、取引手数料やアナリスト費用（アクティブ運用に対して支払う）、購入時手数料を定期的に払う必要はない。その結果、一般的にETFは指数連動投信より手数料がかからない。

ただ、誤解しないでほしい。（パッシブ運用）ETFと指数連動投信はどちらも、グローバル投資ポートフォリオの中心としてとても良い投資先であり、この2つの違いはアクティブ運用投信との違いに比べればとても小さい。

ETFについてしっかり理解できたところで、多くの運用会社の中からバンガード・グループのETFに注目して、国際分散に話を進めよう。バンガードは、さまざまなETFを提供している。公正を期すために告白すれば、私はバンガードの投信をいくつか持っている。私が好きな投信に、バンガード・トータル・ワールド・ストックETF（銘柄コードVT）があり、これは米国内外の3750銘柄に投資している。このETFの構成（2012年2月時点）は、カナダ株4.5%、米国株45.2%、欧州・環太平洋地域株36.1%、新興国株14.2%となっている。また、経費率は0.2%である。

2010年6月2日から2012年2月7日まで、このETFは年率（複利）リターンで23.96%、標準偏差23.60%のパフォーマンスをあげた。標準偏差は原則的に投資のリスクを表す（一般に、標準偏差が大きくなれば変動も大きくなる）。

これは一見、0.2%という低コストで投資家に大きなリターンをもたらし、同時に国際分散も提供しているように思える。確かにこれも、たった1つの商品に投資するだけで世界中の株式のエクスポージャーを持つ方法の1つではあるが、他の手段もあり、場合によってはさらに低いコストのものもある。

　最近、我々の経営学士講座の大変優秀な学生であるマクスウェル・セレブリヤニと行った興味深い研究の1つで、先のバンガードのETFの一部を、国際分散比率は同じにしたまままっと低コストのETFに置き換えられることを発見した。たとえば、この研究を行った時点で、バンガードのETF（銘柄コードVEA）は経費率0.12%で欧州・環太平洋地域株市場に追従していた。VWOは経費率0.2%で新興市場に、VTIは経費率0.07%で米国市場に追従し、iSharesの1つは、経費率0.52%でカナダ市場に追従していた。

　細部にこだわって泥沼にはまらないよう簡単に言うと、我々は今挙げたETFを使って、先に紹介したバンガード・トータル・ワールド・ストックETF（VT）と同じ構成比率を維持するポートフォリオを構築してみた。その結果は大変参考になるものだった。このグローバル分散複製ポートフォリオは、25.43%のリターン、23.50%の標準偏差となり、加重平均経費率は0.13%だった（リターンはVTより高く、標準偏差と経費率はVTより低い）。つまり、各国への配分はVTとまったく同じでありながら、リターンが高く、リスクの低いポートフォリオが構築できたことになる。

　これはどういうことだろう？　実は、一か所でまとめ買いする便利さは代償を伴うのだ。1つの投資「薬」で国際分散投資を「治療する」ことは可能だが、もう少し頭を働かせて

第3章　時間と場所の分散　　101

(たぶんアドバイザーの助けも借りて)、もっと安いコストで同じ働きをする商品の組み合わせを探すことが、ときには利益をもたらすのである。

面白いことに、この研究を行って、その結果の一部を同じ分野の実務家に公表すると、バンガードが自社が提供する多くのETFのコストを下げ、今紹介した利点は消滅したようだ。それでも、先に論じた複製戦略を支えるテクニックや思考プロセスはまだ適用可能である。このことはまた、分散投資の探求に自己満足してはならない、という重要なポイントを教えてくれる。1つのETFや投信を買えば容易に国際分散投資ができるのだが、それは最低コストではないかもしれない。費用を下げ、リターンを上げ、リスクを低減するために投信を組み合わせることがより良い方針である。

相関：資産配分を後押しする魔法

金融における相関について考えてみよう。目の前に2つの投信がある。いずれもいくらか儲かりそうだ。加えて、大きな利点もある。投資先として考えている2つの市場が完全には相関していない点だ。2つはまったく同じように動かないので、両方を持つことで利益を上げるチャンスが大きくなる。その理由を説明しよう。資産をこの2つに等しく投資するとしよう。表3.1は、いくつかの仮定の相関シナリオに基づいて、あなたの投資が年率5％（今の市場では、こんな利率は夢のまた夢だが）の1年定期預金にお金を預けたときに得られる利益を下回る可能性を示している。

見ての通り、最も極端なケースである、2つの投資先の相関係数が100％の場合、利益が定期預金を下回る確率は約

表3.1 あなたのお金を2つの投資先に等分したとき、利益が年率5%の1年定期預金を下回る確率はどれくらいあるか？

投資先の間の相関	下回る確率
100%	36.94%
75%	35.33%
50%	33.43%
25%	31.11%
0%	28.18%
−25%	24.28%
−50%	18.63%
−75%	9.44%
−100%	0.00%

期待リターン15%、標準偏差30%。それぞれの資産のリターンが5%未満になる確率は36.94%
出所）ミレブスキーとIFIDセンター、2012年

37%という、大変高いものになる。もし、近所にある銀行のきわめて安全な定期預金より5回に2回は稼ぎが少ないと事前にわかっていれば、あなたはためらうだろう。

相関が100%、つまり動きが完全に一致する場合には、分散の効果は無くなるように見える。まったく同じ場所にある2つの籠（完全に相関する2つの市場）にお金を分けたとしても、結局は卵を同じ籠に盛っていることになる。もし完全に相関している投資先に分散しても、普通の5%の定期預金より利益が下回る確率は、まったく分散しないときと同じである。

もう1つの極端な例は、相関係数がマイナス100%のときである。この場合、もし2つの投信にお金を分ければ、金利5%の定期預金より稼ぎが少なくなる確率は完全に0%になる。要するに、5%に負けることはないのだ。基本的には、リスクのある2つの投資先を選び、投資ポートフォリオとし

て1つにし、絶対にお金を失わない状況を作り出したわけである。悪くないではないか。

ちょっと待って、とおっしゃるかもしれない。何か落とし穴があるんじゃないか？　損をしないことを、どうして私が保証できるのか？

そう、もちろん私には保証できるはずもない。これは純粋にある仮定に基づく例であり、相関係数を強引にマイナス100％に設定したことを思い出してほしい。現実世界では、こんな状況はありえない。この例をもう一度考えてみてほしい。もし投資先のどちらかが平均よりいくらか稼げば、もう一方は平均より同じだけ損し、プラスのリターンとマイナスのリターンが打ち消しあって平均だけが残る。要するに完全な負の相関では、どちらかの投資先で起こる悪いサプライズは、もう一方の投資先の良いサプライズで打ち消されることになる。両者を1つのポートフォリオにしておけば、サプライズは起こらないわけだ。

ここであなたは疑問に思うかもしれない。もし2つの投資先が完全に逆方向に相関しているのであれば、お互いに完全に打ち消し合い、手元に何も残らないことにならないのか、と。もし一方が上がり、もう一方が下がるなら、どうして平らな状態にならないのだろうか？

それは正しくない。正の相関も負の相関も、100％になるのはまれではあるが、それ以上に重要なのは、私は一方が8％上がれば、もう一方が8％下がるとは言っていないことだ。私が言ったのは、一方が平均より良いパフォーマンスをあげれば、もう一方は平均より悪くなるということである。

表3.1では、いずれの投資先も年率15％で成長するものと仮定した。もし完全に負の相関にあるのなら、一方の投資先

が23％上昇したら（期待平均の15％を8％上回ったら）、もう一方は7％しか上昇しない（期待平均の15％を8％下回る）ことになる。言い換えれば、一方は平均より8％上がり、もう一方は平均より8％下がる。それでも、どちらも上昇していることに変わりはない[4]。

　完全な正の相関と負の相関についてはこの説明で十分だろう。では、もっと現実的で一般的な、その間に位置するところを見てみよう。要するに、相関係数がマイナス100％より十分大きくて、プラス100％より十分小さい投資先に分散するとどうなるかを確認しよう。たとえば表3.1によると、相関係数がちょうど0、つまり2つの投資先の動きにまったく関連がない場合には、5％の定期預金より利益が下回る可能性がおおよそ28％である。1つの籠にすべての卵を盛った場合に定期預金より悪くなる確率の37％と比べてみよう。

　そうすると37％ − 28％＝9％で、確率は9％下がることになる。要は資産を2つに分散することで、定期預金を下回るリスクを大幅に減らすことができるわけだ。従って、おわかりの通り、2つの投資先の相関が0、すなわちもし一方が平均より良くてもそれが他方の動きの目安にはならない場合でも、分散の効果はあるのだ。

　同様に、相関係数がマイナス25％の場合、あなたのポートフォリオが定期預金より悪くなる確率は24％（あるいは、4回に1回程度）である。ここでも、分散の効果は明らかである。2つの投資先の相関が小さくなれば、あなたの負うリスクも小さくなる。

　「合計のリスクは、リスクの合計よりも低い」私はこれを分散の基本法則と呼びたい。

　何を言いたいかって？　分散投資を成功させるためには、

2つの要因が必要であることを思い出してほしい。

1つ目は、完全に相関しないこと、2つ目は、ある程度の利益が両方の投資先で見込めることだ。分散することからどれくらい利益を得られるかは、この2つの要因の強さにかかっている。

完全には相関しない2つの資産に投資することで、全体が目標に届かないリスクを、それぞれの資産が目標に届かないリスクよりも下げることができる。全体のリスク、つまり2つの資産から成るポートフォリオのリスクは、リスクの合計、つまり、個別資産のそれぞれのリスクを単純に足したものよりも小さくなるわけだ。

具体的な例を見ていくことで、この点を明確にしたい。100ドルを金利5%の定期預金に入れると、1年後には105ドルになる。それほど大きな利益ではないが、安全である。では、市場に投資し、いくばくかリスクを取るが分散も望んでいるとしよう。銀行に預金する代わりに、50ドルをある資産（XYZ投信とする）に、残りの50ドルをほかの資産（ABC投信とする）に入れるとする。

表3.1によれば、もし2つの投資先の値動きの相関係数が0であれば、1年後に105ドル未満になる確率は28%になる。これは私が合計のリスクと呼んでいるものであり、あなたの投資資金のリスク、あるいはポートフォリオのリスクでもある。

一方、もし100ドルを、XYZ投信であれABC投信であれ1つの資産に入れた場合、105ドル未満になる可能性は37%に上昇する。これが、私がリスクの合計と呼んでいるものだ。分散を行ったときの基本法則は、合計のリスク（28%）がリスクの合計（37%）よりも小さくなることなのである。

表3.1でもう1つ触れておきたいのは、1年という期間で考えている点である。つまり、12か月で目標に達しない確率を評価している。もし、この相関分析をもっと長い投資期間に延長したらどうなるだろう？

表3.2は長期の結果を示している。こちらでは、（相関係数がさまざまな）2つの投資先に等分したお金のリターンを、5年（5％複利の5年定期）と、10年（仮想的な5％複利の10年定期）で比較している。

ご覧のとおり、表3.2は、表3.1に比べて、目標に届かない確率が一様に下がっている。つまりは、投資期間が長くなればなるほど、5％複利の5年定期より利益が下回る確率は小さくなるわけだ。

もっとも、表3.2の投資期間効果よりさらに重要なのは、目標に届かないリスクが下がる度合いは、ポートフォリオに

表3.2 あなたのお金を2つの投資先に等分したとき、利益が複利年率5％の5年定期、10年定期預金を下回る確率はどれくらいあるか？

投資先の間の相関	5年後に下回る確率	10年後に下回る確率
100％	22.80％	14.59％
75％	20.00％	11.70％
50％	16.92％	8.79％
25％	13.53％	5.96％
0％	9.83％	3.39％
−25％	5.94％	1.37％
−50％	2.31％	0.24％
−75％	0.17％	0.00％
−100％	0.00％	0.00％

期待リターン15％、標準偏差30％。それぞれの資産のリターンが5％未満になる確率は、5年複利で22.8％、10年では14.59％
出所）ミレブスキーとIFIDセンター、2012年

混ぜて入れた2つの資産の相関係数によるという点だ。要するに、相関が低くなれば、リスクも低くなる。

たとえば、相関が0になるケースで比べてみよう。**表3.1**で1年間のリスクを見てみると、目標に届かないリスクは約28%である。2つの資産の相関が0で期間が5年の場合、目標に届かない確率はおおよそ10%に下がる。10年間では、同じく2つの資産の相関が0であれば目標に届かない確率はおおよそ3%である。あと4年（あるいはあと9年）投資を続ければ、驚くべき数字になるのではないだろうか？

リスク低減は、相関係数がマイナス50%の場合はさらにはっきりしている。もう一度繰り返せば、負の相関とは、ある資産が平均より良ければ、もう一方の資産は平均より悪いということである。要するに、2つの資産は一般的に反対の方向に動く。マイナス50%は、0%とマイナス100%の中間であり、反対に動く傾向がそれなりに強い。**表3.1**では、1年間の場合、目標に届かないリスクはおおよそ19%ある。**表3.2**を見ると、投資期間が5年なら、目標に届かないリスクはわずか2%に減り、10年であれば0.25%未満にまで下がる。時間の効果と相関の効果に注目してほしい。

この結果から何が学べるだろう？　2つのことが、ポートフォリオが目標に届かないリスクを減少させることだ。

＊ポートフォリオの保有期間を長くすること。
＊ポートフォリオに組み込む資産の動き。より無関係に動けば動くほど、つまり相関が低ければ低いほど、リスクが減る。

投資分散には「時間」と「場所」という2つの次元がある。

「時間」とは、ポートフォリオを保有する期間である。保有する期間が長ければ長くなるほど、ポートフォリオは「分散」される（時間の分散）。もしあなたが、分散の本質を、完全に相関しないことを利用して目標に届かないリスクを減らすことにあると考えるなら、ポートフォリオをより長く保有することによっても目標に届かないリスクを減らすことができる。

私の考えでは、2010年の1年間と2011年の1年間、米国株に投資すれば、本質的には2つの異なる投資先を保有することになる。確かに、これらは米国株という同じ資産クラスである。それでも、この2つの投資先からのリターンはたいていの場合、相関していない。つまり、ある年のリターンは次の年のリターンと独立して動くのだ。もし米国株が2010年に平均より良かったとしても、2011年に平均より良いパフォーマンスを挙げる確率はやはり五分五分なのである。だから、2010年と2011年の両年に株式を持てば、それもまた投資分散であると言えるはずだ。私の言う「分散」とは、単にある時点で分散されていることを指すのではない。分散とはまさに、同じ動きをしない商品への投資であり、そうすることで目標に届かないリスク（後悔する確率）が下がる。従って、1つの資産への長期的な投資は、ある期間に異なる資産に投資するのと質的には同じである。

「場所の分散」では、あなたがポートフォリオに組み入れている資産がより独立していれば（お互いに歩調を揃えて動かないという意味での独立）、ポートフォリオはより分散される。私が「場所」という言葉を選んだのは、この原則をはっきり表すためである。というのも、地理的、経済的な境界を越えて分散すれば、必ず保証されるわけではないが、独立

して動く資産を見つけやすくなるからだ。

こうした一般的な方法で明らかになる要点、とりわけ、時間（保有期間を長くする）と場所（それぞれが独立して動く投資先を多くする）を増やすことがあなたのポートフォリオに与える良い効果についてしっかり把握してほしい。ここからは、現実世界のいくつかの問題を検討してみたい。

もしあなたが、将来有望で、米国株投資と完全には相関しない別の種類の資産クラスを見つけて投資すれば、分散の法則から利益を得られるはずだ。そうした資産クラスや投信、投資先が、米国市場と相関しないほど、得られる利益は大きくなる。

もちろん、同じ分散の原理が国際株式市場以外にも当てはまる。債券、不動産、貴金属、コモディティ、それに美術品なども、米国株式市場と完全に相関して動くことはない。実際の相関係数は時間とともに変化するが、バランスのとれたポートフォリオにはこうした資産の多くを入れる余地がある。それは、こうした資産も目標に届かないリスク——無リスクのベンチマーク（我々の例では5％の定期預金）を下回るリスクを減らす助けになるからである。ただし、2つの要因は忘れないでほしい。資産クラスは相関が完全でなく、また、長期的に見て利益を生む合理的なチャンスがあるものでなければならない（エルビス・プレスリーの記念品は一般的な株式市場とは相関していないが、その成長見込みについては私には確信が持てない）。

それでは、どれくらい分散すればいいのか？　正確に、それぞれの資産クラスにどれだけ投資すべきなのか？　自分の状況を考えると、どんな資産配分が正しいのか？　米国、英国、ドイツ、あるいは日本にどれくらい投資すべきなのか？

それは良い質問である。残念ながら、投資の意思決定の多くがそうであるように、その答えはあなたの状況やニーズ、求めるもの、心配事、恐怖や嫌悪といったリスクに対する考え方によって変わってくる。私には、起こりうる不測の事態すべてに適合する、定型の答えは思いつかない。それどころか、投資ニーズに対するコンピューター・プログラムやブラックボックス方式の解決案を嫌悪しているくらいだ。こうした問題については、ファイナンシャル・プランナーや投資アドバイザー、証券会社、税理士と話し合うべきだ。

時間はどのようにリスクとボラティリティに影響するか

　あなたは、遠い親戚から棚ぼたの遺産をまさに受け取ったばかりだと仮定してみよう。ここからいくらか使ったとして、まだ1000ドル残っている。今すぐお金は必要ないので、いざというときに向けて取っておくことにした。

　ファイナンシャル・アドバイザーに電話して、こう聞いてみた。「この1000ドルをどうすべきだろう？　巧みに分散された指数連動投信に入れるべきか？　それとも、もっと安全な3カ月の財務省短期証券に投資すべきか？」

　もちろん、ファイナンシャル・アドバイザーの立場としては、何らかの形の分散を勧める慎重な提案をするだろう。要は、すべての卵を1つの籠に盛るべきではないと言いたいわけだ。あなたのリスク許容度や長期的なゴール、金融状況によってお金をいくつかに分けるべきであり、銀行預金や株式市場にいちかばちかで投ずることは控えなければならないと言うはずだ。

　それでも、いちかばちかの問題を、2つの極端な例を用い

て、もう少し詳しく考えてみよう。もしあなたが手持ちの1000ドルを「思い切って」株式市場に投資したら、この判断を後悔する可能性はどれくらいあるだろう？　株式市場が、あなたのお金を投資するのにふさわしい場所ではない確率はどれぐらいあるだろう？

そんな疑問には意味がないことに気づかれたことだろう。適切な投資期間を具体的に決めない限り意味のある答えは出ないから、考えても無駄な疑問である。もし思い切って買った場合、その判断を後悔するのは明日になるのか？　1年後か？　10年後か？　あなたにお金が必要になるのはいつなのか？

表3.3は、時間調整済み「お金に関する後悔の可能性」と私が呼んでいるものを示している。過去80年間（約1000か月）のデータによると、投資期間1年の場合、米国株式への分散ポートフォリオ（S&P500指数）が安全な短期金融資産（3か月の財務省短期証券）のリターンを下回る確率は31%である。では、投資期間10年ではどうだろう？　表によれば米国株式分散ポートフォリオが目標に届かない確率はわずか14%である。つまり今後10年間で、米国株式市場が安全な3か月財務省短期証券の足元のリターンを上回るチャンスは5回に4回以上ある。

表3.3で、「痛み」という列は何のことかと思った方もいるだろう。これは、1000ドルのポートフォリオで、S&P500指数への投資が財務省短期証券を下回った大きさを平均したものである。S&P500指数に投資すると、たとえば1年間で財務省短期証券のパフォーマンスを下回る可能性は31%ある。そして財務省短期証券よりリターンが低くなった場合、下回った額の平均は142.90ドルになる。意外なことだが、下

表3.3　お金に関する後悔の可能性と大きさ

	下回る可能性	痛み
1カ月	40.13%	36.70ドル
2カ月	39.10%	50.70ドル
6カ月	35.26%	96.20ドル
1年	30.77%	142.90ドル
5年	20.00%	163.90ドル
10年	14.29%	244.40ドル

出所）セントルイス連銀、シカゴ大学証券価格研究センター（2012年）よりIFIDセンターが計算

回ることによる「痛み」は時間とともに増大し、10年間では200ドルを超えるまでになる。なぜ、そんなことになるのだろう？

　長期にわたる分散はリスクを減らすだけで、増やすことなどないのでは？　そう、リスクは確かに下がる。たとえば1000ドルをS&P500指数に10年間投資した場合、財務省短期証券より低いリターンになる可能性はわずか14%であり、1か月だけ株式を保有することで下回る可能性の40%よりかなり低い。ところが、もしあなたが不幸にも下回ってしまった14%のうちの一人なら、あなたが投資した1000ドルに対する損失は大きく、財務省短期証券から得られたリターンと比べて、最終的に244ドルも少なくなる。要するに、長期投資で損をする確率は低いとはいえ、もし損をすれば損失額は大きいのだ。

　果たして投資期間が34年だったらどうなるだろう？　このケースでは、**図3.2**の上部のグラフを見てみよう。これは**表3.3**を単純に線グラフにしたものである。この曲線をさらに外側へ伸ばしていくと、お金に関する後悔の可能性はおおよそ1%になる。投資期間が伸びるにしたがって、利益が下

回る可能性は急減する。科学者なら、指数関数的に低下すると表現するだろう。そして決して0にはならないが（人生に保証はないのだ）、限りなく0に近くなる。時間とお金のリスクは複雑に絡み合っているのだが、先に見たように、利益が下回る大きさ（つまり「痛み」）は増え続ける。このことは図3.2の下部に示されている。もしこの痛みの曲線を延長していくと、下回る確率が1％のときの「痛み」は約400ドルにもなる。

　所定の速度を把握するためにはそれに合う単位時間を知る必要があるように、リスクにも「時間」という次元が組み込まれている。適切な投資期間と金融上の選択肢を検討しないで投資にリスクがあるかどうかを語るのは無意味である。実

図3.2　痛みと利益が下回る可能性

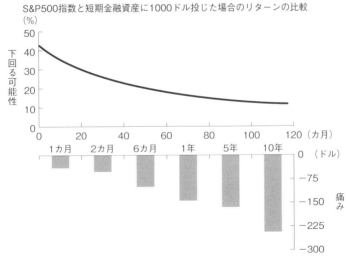

出所）セントルイス連銀、シカゴ大学証券価格研究センター（2012年）よりIFIDセンターが計算

際、1年間で見ると、株式市場は安全な選択肢である3カ月財務省短期証券にお金を入れることに比べて、明らかに大きなリスクがある。株式への投資の利益が下回る（後悔する）確率が31%もあるからだ。

その一方で、もし34年間投資するのであれば、株式市場がもう1つの選択肢である財務省短期証券からの利益を下回る可能性はずっと小さくなる。これは、後悔の可能性が1%ほどだからだ。裏を返せば、それが正しい選択で、成功の確率が極めて大きいことになる。なにしろ、確率は約99%なのである。

若いときはもっとリスクを取るべきか

あなたが、若いときには多くのリスクを取るべきかどうか迷っているとすれば、簡潔な答えはなく、「あなたの人的資本についてのさまざまな要素しだいだ」ということになる。もう少し詳しく説明しよう。一口で言えば、投資は確率をうまく利用することがすべてである。もしこの先、株式市場が下落する確率が1年間で50%なら、2年続けて弱気相場になる可能性は25%（1/2×1/2=1/4）で、3年連続なら12.5%（1/2×1/2×1/2=1/8）になる。

ここまで分散投資を考えてきた中で、あなたのバランスシートで最大であろう資産、つまりあなたの人的資本のことは除外してきた。この資産は概念上、有形資産とは別個のものだが、実際には金融資産と一緒に考え、分散を行うべきである。これは抽象的な概念のように聞こえるかもしれないが、人生全体のリスク管理戦略の一部として実行できるし、そうすべきであると納得してもらいたいと思っている。まさにこ

こで（この本の原題である）「あなたは株ですか、債券ですか？」という質問が登場する。その質問が意図しているのは、あなたの人的資本がリスクのある株式投資に近い性格を持っているかどうかである。たとえば、あなたは投資銀行で働いていて、報酬はS&P500指数などのパフォーマンスにある程度連動しているだろうか？　あるいは、あなたの所得は国債のようにもっと安定していて見通しを立てやすいものだろうか？　たとえば私は、終身在職権のある大学教授なので、自分自身が債券であると自信を持って言える。

　自分の人的資本のリスクの度合いを分析したうえで、人的資本に生じる可能性のある損失を金融・投資資産を使ってヘッジすべきである。それには、これまで説明してきた分散原理が適用できる。

　あなたが仕事で受け取る報酬の形をもう一度確認してみよう。たとえば、報酬のかなりの部分を株式やストックオプションで受け取っているなら、あなたの総資産はほとんど分散されていないことになる。あなたの人的資本の多くはあなたの職場に委ねられているからだ。そうではなく、ここまで述べてきた分散の本筋に従えば、あなたの給与が変化したときには、投資資産は別の方向に変化するべきである。もしあなたの人的資本と金融資産が同じ動きで上下していることに気づいたら、どちらかの資産構成を変えなくてはならない。資産配分を変え、金融資産を人的資本から引き離そう。違う形態で報酬を受け取り、401（k）の中身をもう一度見直そう。

　別の見方をすれば、あなたの人的資本を金融資産の損失に対するヘッジと見なすこともできる。長期になればなるほど、株式分散ポートフォリオが無リスクの短期金融市場ファンドや銀行預金を下回る可能性が減ることを思い出してほし

い。もっとも、これまで図表で見てきたように、30年間の投資期間でも結果が悪くなる可能性は依然として残っている。それでも、これはこの章の核となるメッセージの1つであるが、もし市場に期待したほどのパフォーマンスがなく、リターンは以前ほど良くなかったとしても、あなたには働き続け、さらに貯蓄し、そのうえおそらく支出や消費を抑えるという選択肢も残っている。確かに、目指す理想とも、あこがれる生き方とも違うかもしれないが、ここは本音でいこう。これは選択肢の1つである。人的資本そのものに価値があり、投資リスクに対するヘッジとして使うことができる。思い出してほしいのは、リタイアして人生の終わりに向けて動き出した後は、この選択肢はもはや使用不可能になり、市場での投資の凸凹をならす頼りにはできないことである。ところが、資産積み上げの段階や、リタイアに向けた資産形成段階では、まさに頼りになる松葉づえなのだ。

　そうであるから、50代、40代、それにとりわけ30代には、自分の資産全体をもっと生かすようにすべきで、場合によっては投資のために借り入れたり、レバレッジをかけて株式市場に投資したりすべきである。というのも、あなたは必要に応じて自分の人的資本をさらに採掘する可能性を持っているからだ。実際は、もしあなたのキャリアと投資がうまく行けば、あなたは65歳でリタイアできる（あるいは仕事量を減らすことができる）。だが、もし何か不運なことが起きれば、リタイアを数年遅らせることで、市場リターンによる損失を追加の人的資本で埋め合わせることになる。繰り返すが、これは理想的な状況ではなく、あなたが目指しているものでもない。それでも、これもあなたの資産全体を分散する、万が一の際の戦略の1つなのである。

分散と金融危機

　金融危機は投資家に大きな打撃を与える。うまく分散できたと考えている人たちも例外ではない。たとえば、2008年1月から2009年3月の間に、S&P500指数は52％という気が遠くなるような損失を出している。つまり、もしあなたがS&P500指数を構成する株式を500銘柄持っていたとすると、この期間に1ドルの投資に対して52セントの損失を出したことになる。

　500の異なる株式をさまざまな業種から選び出して持つことは、一見とても良い分散戦略だが、実際はそうではない。場所の分散をしていない個別株式は互いに完全に独立して動くわけではないからだ。株式市場内の動きは、市場センチメントや経済情勢といった、すべての株式に共通する要因に左右される場合が多いのである。

　その一方で、場所の分散を行い、株式に加えて金や通貨といった資産を持っていた投資家は金融危機の影響を比較的受けなかった。前述の2008年1月から2009年3月の間に、金価格は9％、米ドル指数[5]は18％上昇している。

　視点を変えてみると、2008年1月にS&P500指数に1000ドル投資した人は2009年3月には480ドルしか残っていなかった。では、賢く分散を行い、ポートフォリオをS&P500指数、米ドル指数、金に3等分した人の場合を考えてみよう。このポートフォリオの2009年3月時点の評価は917ドルで、損失は8％と、金融危機の最中に投資家の大半が被った損失に比べればごくわずかである。

　どうして株式が下がったのに金や米ドルは上がったのかと

疑問に思うのは当然だろう。答えは相関係数にある。米ドルとS&P500指数の相関は低い（ときにはマイナスになる）。株式の価値が下落すると、投資家は安全な資産である米ドルなどに群がる傾向がある。他の多くの国と比べても、米国は金融危機に耐えるだけの規模と力があるので、通貨も比較的安全なものになる。そのため、米ドルへの需要が増えると価格はおのずと上がり、これに投資していた人たちは報酬を得る。

同様に、金は逃避先資産であり、歴史的にも常に価値を維持してきた。金融危機が起きると、投資家は安全と考えられる金に群がってくる。そのうえ、金はインフレヘッジにもなる。FRBがキャッシュを米国経済につぎ込んでいるため、予想されるインフレへの備えとして金に対する投資家の需要は急上昇している。

先に示した金融危機の例が示すように、分散は間違いなく機能している。長い期間にわたって、互いに独立して動く資産を持つことで、リスクを軽減し、ポートフォリオの極端な変動から身を守ることができる。

この考え方は、企業にまで拡大することが可能だ。ボストン・コンサルティング・グループの研究では、事業が分散されている企業は、金融危機のときも立ち直りが素早く、競合他社を上回る成果を挙げたことが証明されている。これらの企業は、分散がもたらす財務の安定という利点を生かし、危機に対する過剰反応（たとえば、一時解雇、事業部門の売却など）を避けられた。それどころか、多様なキャッシュフローを活用して、高リターンのビジネスに資本を振り向け、将来のための投資を行い、M&Aを推し進めたのである。

まとめ

* 人生のどの段階でも、分散は大変重要である。なかでも、401（k）税金繰り延べ貯蓄口座の場合は、自分の働く会社の株はわずかの保有に留めるべきである。外国株や、伝統的な投資とは違う資産クラスを持つことを忘れないようにすべきである。

* 自分のバランスシート上で最も価値のある資産は自分の人的資本であり、それには株式型か債券型かのどちらかの特徴があることを覚えておこう。あなたの人的資本のリスクが高ければ高いほど——つまり株式型に近ければ——投資資産や金融資本に保有する株式はできるだけ少なくすべきである。逆に、もしリスクが低ければ低いだけ、あなたの人的資本は債券に似てくる。

* 長期的に見ると、確率は株式への投資の方に味方する。と言っても、リスクがすっかりなくなるわけではない。単に、勝算が上がるだけである。その一方で、もし株式投資が短期金融資産のリターンに及ばなければ、投資期間が長くなればなるほど、損失の大きさは増していく。

* リタイアに向けて財産形成しているときに、401（k）口座を使って投資リスクをより分散できる真の理由は、あなたが株式より債券に近い動きをする人的資本に投資しているからである。同時に、あなたはリタイア時期を遅らせる選択肢も持っており、それが市場のリスクや変動に対してバッファ（緩衝材）となりうる。

* 金融危機のような1つの事象で、投資資産を失うことがないようにしなければならない。マーケット・タイミングを

狙うことではなく、場所の分散が経済的な大打撃からあなたの資産を守る助けとなるはずだ。

章末注

Jagannathan and Kocherlakota（1996）による興味深くてわかりやすい論文で、時間と年齢が最適資産配分に影響する、あるいは影響しない理由を紹介している。時間分散のアイディアに関する初期の業績の一つが、Reichenstein and Dorsett（1995）の研究論文に掲載されている。Siegel（2002）による著書では、長期の投資家は資産のより多くを株式に配分すべきだと主張しており、今ではこの分野の古典となっている。一方、Bodie and Clowes（2003）の著書では、投資家はリスクを取りすぎており、もっと債券に配分すべきだという反対の見方を取っている。資産配分モデルの最先端について知りたければ、Campbell and Viceira（2002）（邦題：戦略的アセットアロケーション、木島正明監訳／野村證券金融経済研究所訳、東洋経済新報社）に当たってほしい。Milevsky（2012）の近著"The 7 Most Important Equations for Your Retirement"では、5章をこのテーマに当てており、Paul Samuelsonが述べた時間分散に関する懸念のいくつかもリストアップされている。

この本では基本的に、期待リターンは算術平均で表している。算術平均は、期待成長率（幾何平均）よりも大きくなる。算術平均から簡便的に幾何平均を求めるには、ボラティリティの2乗の2分の1を引くと良い。例えば、算術平均が7%でボラティリティが20%なら、幾何平均は $0.07-(0.5)\times(0.2)^2=5\%$ 程度と見積もることができる。

1 訳注：その資産を保有している、あるいはそのリスクを負っていることを表す時、あるいはその資産を保有する量、リスクを負っている量を表す時に使う言葉。このポートフォリオは株式のエクスポージャーがあるとか、どれくらいのエクスポージャーを取っているか、などと言う。ここでは、どれくらい海外株式を保有すべきかという意味
2 訳注：「スパイダー」と読む
3 訳注：米国の税制に依存する話であり、日本に当てはまるわけではない
4 訳注：期待リターンが十分高いため
5 訳注：ユーロや日本円など複数の通貨に対するドルの総合的な価値を指数化したもの

[日本の読者への補足説明]

　この章では、分散の考え方と効果、考慮すべきことなどを説明しています。特に、前半で説明されている時間、場所の分散についてはよくご存じの読者も多いでしょう。ですが、「若いときはもっとリスクを取るべきか」で述べられている「人的資本」を資産配分に組み入れるアイディアはこの本のポイントの1つであり、読者にとって新しい考え方ではないでしょうか。

　日本ではまだ自分でリタイア時期を決めること、特に延長することは難しいかもしれません。しかし、業種の違い、民間か公的セクターかなどによって所得の特性は変わってくるでしょう。みんなと同じ資産配分ではなく、自身の特徴を踏まえて資産配分を考えてみてはどうでしょう。iDeCoやつみたてNISAで資産形成を考えているのであれば、こういった考え方がより参考になると思います。

　米国では、自分の確定拠出年金を積み立てる際に、「デフォルト商品」という発想があり、指定しなければバランス型投信を買いつけるようになっています。日本版401（k）の配分が預金に偏っているのと大きく異なります。長期の資産形成において、もう少ししっかり考えていく必要があると思います。

日米のDCの運用商品選択状況

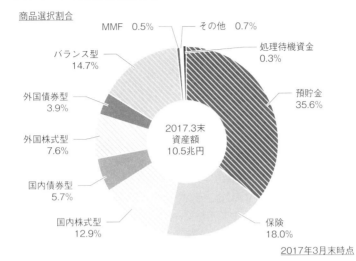

出所）運営管理機関連絡協議会「確定拠出年金統計資料 2002年3月末～2017年3月末」

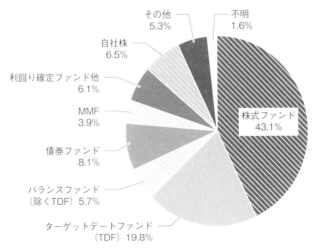

出所）ICI "401 (k) Plan Asset Allocation, Account Balances, and Loan Activity in 2015 (Fig21)" より野村證券作成

Chapter 4: Can Debt Be Good at All Ages?

第4章
年齢と職業に応じた
ローンの勧め

思い込み 4：「ローンは全部この先 10 年で返して、リタイアまでに借金をゼロにしたいな。なんとしても、借金なしで死ねるようにしておきたいものだ」

ニューヨークで80年代を謳歌していた大学生の頃、私は親しい友人やルームメイトにまで金を借りており、それぞれ少額とはいえ、合わせるとかなり大きな負債があった。私の通っていた大学には学生ローンがあり、書店で箱詰めのアルバイトもしていたのだが、月末には手元にお金がほとんど残らなかった。このだんだん膨らんでいく問題に対する「解決策」を見つけようと、大学構内にたくさん置かれているパンフレットの中から1つ選んで、クレジットカードを申し込むことにした。そのときの私には、それが「自由貨幣[1]」と同じものに見えた。というのも、クレジットカードの与信枠は資産ではなく、また25%の金利を払うのが最高の投資であるはずがない、という考えをまだ学んでいなかったからだ。

　いずれにしろ、はやる思いで席について申込書に記入し、まもなく、「連帯保証人記入欄」まで来た。これが、最初に思っていたほど簡単ではなさそうだと気づいた瞬間だった。それで、祖父に連帯保証人になってもらうよう頼んでみることにした。カード会社は、私の善良な性格を保証してくれる「齢を重ね、賢い」誰かを求めているのだろうと思ったからだ。祖父は、クリーブランドの高校の校長をリタイアしたばかりだった。

　そこで、彼を訪ねた日にこの話を切り出してみた。話を複雑にはしたくなかったので、銀行から求められているいくつかの書類にサインして助けてもらえるかどうか、曖昧に聞いてみた。彼はクレジットカードの申込書をちらりと見ると、それから45分間にわたって、借金やクレジットカード、分不相応な生活の邪悪さについてえんえんと説教した。シェイクスピアのハムレットから「金の貸し借り不和のもと、と。貸せば、金と友達を同時に失う。借りれば、倹約が馬鹿らし

くなる。[2]」という言葉まで借りてきた。そもそも祖父は借金が大嫌いで、私は連帯保証人を見つけられなかった。これでこの話は終わりである。

　後に学んだのだが、私の祖父は、1929年の破滅的な出来事と、その後に続く経済不況を実際に体験し、まだ鮮明に覚えていた。もっとも金融商品についてもっと厳しく説教されたのは、祖父に株式を持っているかどうか聞いたときだけだった（もちろん、持っていなかった）。

　第1章「『自分』株式会社」で論じたとおり、米国世帯の3/4以上がなんらかの形の負債を個人のバランスシート内に抱えている。このうち、どれくらいが住宅購入、ビジネス立ち上げ、あるいは大学進学といった妥当な理由によるもので、どのくらいが間違った動機で累積したものか知るのは難しい。いずれにしろこの章で第一に伝えたいのは、負債は適切に管理・利用されれば、あなたの金融戦略全体にとって非常に効果的な要素になりうることだ。債務の主な問題は、ひどく高い金利を支払っているときか、配当を出さない資産を借金で買ったときに起こる。それでも、支払う金利より高いリターンが（保証されていなくても）期待できる資産に投資するためにお金を借りることは、人生のどの段階においても素晴らしい考えと言える。他人の（銀行の）お金を投資に使う「レバレッジ」という考えは実に魅力的で、とても儲かるものなのだ。実際、ドナルド・トランプはじめ、その成功の大部分をレバレッジという考え方に負うたくさんの名前を思いつくのではないだろうか。だから、恐れ多くも自分の祖父に言葉を返すようだが、慎重で思慮深いレバレッジはもちろんリスクもあるが、資産を増やす確実な方法だと私は信じている。

この章では、個人の住居であれ、一般的な不動産であれ、あるいは株式市場であれ、投資目的でお金を借りるメカニズムについて詳細に分析する。私の目指すところは、人的資本というコンセプトとその存在が負債管理と最適な投資ポートフォリオにどう関連するかを示すことである。負債を活用することが人生のさまざまな段階においてどれほど賢明な選択か、この章の終わりでいくつか示したい。

レバレッジをかけることの良し悪しと危険性

　繰り返しになるが、レバレッジは、少なくともここでは単に投資のためにお金を借りることを指す。今あなたはそんな危ない戦略には手を出さないし、この章は自分にはまったく合わないと思っているのではないだろうか。けれども実際には、レバレッジは必ずリスクがあるものでも、めったに使わないものでもない。あなたが思っているよりもありふれたもので、あなたも自分では気がつかないうちにこの戦略を使っている。なぜそう言えるか説明しよう。**表4.1**にあるように、自分の家を持ち、居住している人のほとんどが住宅ローンを抱えている。すなわちレバレッジをかけているということだ。実際、もしあなたが10％の頭金で家を買い、90％を借りるなら、負債資本比率は9:1になる。これは、まさにヘッジファンド並みだ！　あなたは自分が思っているほどレバレッジのリスクを免れているわけではないことになる。少しでいいから、「自分」株式会社の負債資本比率や最適資本構成を評価・検討してみる時間を作るべきだ。最適資本構成というのは、負債と資産のバランスを言い換えたものである。

　レバレッジの基本的な考え方は、単純でわかりやすい。投

表4.1　あなたの世帯は家を持っている？

年齢	家の所有率	自宅価格の中央値＊	住宅ローンの保有率＊
全体	70.3%	178,000ドル	49.4%
35歳未満	44.6%	165,000ドル	40.0%
35〜44歳	68.9%	180,000ドル	60.2%
45〜54歳	78.1%	200,000ドル	64.2%
55〜64歳	81.9%	186,600ドル	54.2%
65〜74歳	86.8%	155,000ドル	41.6%
75歳以上	77.2%	130,000ドル	15.1%

＊自宅を持っている人のうち
出所）FRB "Surveying the Aftermath of the Storm: Changes in Family Finances from 2007 to 2009," Appendix Table 3A, 3B, and 4A

信に1万ドル投資して、それがある年に15%上がったとしよう。つまり、元本1万ドルに対して、1500ドル儲かったということだ。素晴らしいことだが、もっと素晴らしい結果になってもおかしくなかった。というのも、なんとかもう1万ドル調達して（100%のレバレッジに相当）、元のお金と合わせて投信に2万ドル投資すれば、もっとたくさん儲かったからである。

　15%のリターンなら、元本の2万ドルは2万3000ドルになったはずである。もちろん、ここから借りた1万ドルと、その分に対して支払った金利、たとえば500ドル（1万ドルの5%）を引かなければいけない。そうすると、手元に1万2500ドルが残る。やったじゃないか！　1万ドルが1万2500ドルになった。借入れなしのときと比べると、1000ドルも多くなった。この場合のリターンは25%になる。言い換えると、投信の15%のリターンにレバレッジをかけて25%にした。これが、レバレッジの「良い」面である。

　レバレッジの持つ潜在能力から考えて、1998年に投資家

が株式市場の値上がりに投資するために、家や別荘、ボート、子供の学費のローンなどの借入れ条件の変更に殺到したのは意外でもなんでもない。(税引き後の)支払金利が投資収益より低い限り、あなたは有利にゲームを終えることができる。なにしろ、もし元手1万ドルにつき2万ドル借り入れれば、レバレッジ比率は200%になり、もとの1万ドルに対して35%を得ることができる。制約となるのは、レバレッジや証拠金率に制限を置く金融機関や、多少の常識を備えたファイナンシャル・アドバイザーだけだろう。たとえばある証券会社では、借り入れできる額を投資額の50%や80%までに制限している。ということは、もし株式を10万ドル持っていたら、信用取引であと5万から8万ドル買えるわけだ。つまりこの方法を使えば、資産が18万ドル、負債が8万ドル、自己資本が最初と同じ10万ドルということになる。

　この計算は、逆方向にも同じように機能する。確かに市場が年に15%上昇すれば、万事うまくいく。しかし、市場が1年で(あるいはもっと悪くて、四半期に)25%下がったら、元本の25%を失うだけでなく、借りたお金の25%も失ってしまう。ローンを返済する段になると、問題が膨れ上がりだす。

　たとえば1万ドル借りて元手を2万ドルにしたときに、25%の下落で5000ドル失ったとしよう。1年後に手元に残っているのは1万5000ドルだ。さらに泣きっ面に蜂で、1万ドルのローンに加えて、金利5%(たとえば)を返済しなくてはならない。となれば、あなたの資本(資産から負債を引いたもの)はわずか4500ドルに縮小する。市場(あるいは株式や投信)は25%しか下がっていないのに、元本1万ドルに対して55%の損失になるわけだ。これがレバレッジの「悪

い」面である。

　では、あなたはレバレッジを掛けるべきなのか？　それは良い考えだろうか？　儲かるのか？　長い目で見れば、最終的に市場は上昇するのか？　あなたにもそろそろ、こういった疑問には単純な答えは存在しないことがおわかりになるだろう。あなたにできるのは、確率を検討することだけである。レバレッジからあなたが利益を得る確率はどれくらいあるのか？　レバレッジを掛けることであなたが後悔する確率は？　まず、良い方から見てみよう。長期的に見て、平均で15％のリターンを期待できる株式や投信、あるいは何らかの投資先があるとしよう。ところが、この世界にフリーランチ（訳注：対価を求められないリターン）は存在しないから、ある程度のリスクと闘わなければならない。この投資機会の変動リスクを30％としよう。では、この種の投資機会があったとき、レバレッジを掛けるとどうなるだろう？

　この場合、レバレッジ比率と借り入れの（信用口座の）金利という2つの要因に特に注意を払う必要がある。どちらも、あなたの成果と確率に影響を及ぼす。レバレッジ比率は、投資に対する借入の大きさであり、元本に対する比率で表す。たとえばあなたが1万ドル持っていて、1万ドル借りたとすると、レバレッジ比率は100％になり、5000ドルしか借りなければ50％になる。もしまったく借りなければ、レバレッジ比率は0％である。

　次に金利要因だが、これは単に、借りたお金に対して払う税引き後の金利のことである。現在の状況であれば、金利はいろいろな条件を勘案して3％から10％の間で決まるだろう。条件の中で最も重要なのは、あなたの信用力とあなたが破産する確率である。当然だが、投資収益をできるだけ大きくす

るためには、できるだけ低い金利で借りるのが望ましい。

　この2つの要因、レバレッジ比率と金利費用を合わせると、レバレッジがどう投資に影響するか理にかなった分析をすることができる。**表4.2**から**表4.4**の数値は、モンテカルロ・シミュレーションを行った結果である。モンテカルロ・シミュレーションは数百万ものシナリオを生成し、レバレッジを掛けた場合と掛けない場合両方で、どれくらいのリターンが出るか確率を推計する。以下の表には、さまざまな結果の確率を示してある。

　表4.2の読み方は以下のとおり。5％の金利を信用口座に払うものとする。もしレバレッジ比率が100％なら（当初の投資元本と同額のお金を借りるなら）、リターンが市場の2倍（つまり、2×15％＝30％）になる確率は46.7％である。言い換えると、1万ドルが1万3000ドルになる確率が46.7％あるわけだ。市場の2倍になる可能性は、半分よりちょっとだけ低い。

　レバレッジを掛けずに同じだけ稼ぐ確率を比べてみよう。**表4.2**のレバレッジ比率が0％のところを見ると、30.9％にな

表4.2　レバレッジが良い場合〜マーケットの倍になる確率（市場の期待リターンは15％、リスクは30％）

レバレッジ比率	金利費用		
	3%	5%	7%
0%	30.9%	30.9%	30.9%
25%	37.4%	36.9%	36.4%
50%	42.1%	41.2%	40.3%
100%	48.0%	46.7%	45.4%
250%	55.7%	53.8%	51.9%

出所）ミレブスキーとIFIDセンター、2012年

る。これは1/3より少し低い。レバレッジを掛ければ、良い結果が出る確率が高くなる。だからこそ、多くの人が魅了されてきたのだ。

　もちろん、**表4.2**でわかるように、信用口座に5％以上払う必要がある場合は、市場の2倍以上の結果を出す確率は少し下がる（訳注：金利7％の欄と比較するとよい）。これは単に、あなたが借りたお金に払う金利が高くなると、市場はもう少し上がらなくてはならないが、そうすると確率が下がるからである。同様に、金利が5％より低ければいくぶん確率は上がるが、それほど大きく上がるわけではない。確率を大きく上昇させるには、レバレッジ比率を上げる必要がある。

　レバレッジ比率250％のところを見てほしい。金利が5％で、市場の2倍の収益を得る確率は53.8％に上がる。これは、投資元本の30％以上を稼ぐ確率が53.8％（2回に1回以上）あるという意味である。実際の話、レバレッジ比率を上げれば、ある程度まで確率を上げることができる。たくさんの人が自分の資本にレバレッジを掛けるのは、そんなに不思議なことではない。確率は良さそうに見える。

　それはそれとして、「悪い」ケース、つまり下がる方も検討してみよう。損する確率はどれくらいあるのか？　レバレッジを掛けて、元本より少なくなってしまう確率はどれほどなのか？

　表4.3は悪い方に転んだときに何が起こるかを示している。レバレッジを掛けた方が市場の2倍の収益を上げる確率は高くなるが、損になる確率も高くなる。たとえば、もし金利5％で100％のレバレッジを掛ければ、損する確率、つまり1年後に当初の株式資本より少なくなる確率は33.8％である。

表4.3　レバレッジが悪い場合〜損になる確率（市場の期待リターンは15%、リスクは30%）

	金利費用		
レバレッジ比率	3%	5%	7%
0%	30.9%	30.9%	30.9%
25%	31.6%	32.0%	32.5%
50%	32.0%	32.8%	33.6%
100%	32.6%	33.8%	35.1%
250%	33.4%	35.2%	36.9%

出所）ミレブスキーとIFIDセンター、2012年

　要するに、もし元手1万ドルに1万ドルを借り、1年後に借りた1万ドルとその分の金利を返したとき、手元に残るのが1万ドルに満たない確率は33.8%ということである。

　「ちょっと待って」と言われるかもしれない。見てのとおり、33.8%というのは、まったくレバレッジを掛けなかった場合に損する確率30.9%に比べて、それほど高いわけではない。レバレッジを掛けたことが災いを招く確率はわずか3%程度ということである。これはそんなに悪い話ではないのではないか？　これが、あなたが負うリスクのすべてだろうか？　いや、そうでもないのだ。「悪い」ケースを紹介しておこう。

　レバレッジによってどれくらい悪いことが起こるかを確認するために、**表4.4**にレバレッジ取引で当初の資金の1/4を失う確率を示した。ここで問われているのは、「1万ドルでスタートして、お金を借りて、12カ月後に手元に残るのが7500ドル未満になる確率は？」である。この場合、投資元本の損失は25%になる。

　まったくレバレッジを掛けなければ、資本がそこまで減る

表4.4　レバレッジが悪い場合〜投資元本の25％を失う確率（市場の期待リターンは15％、リスクは30％）

レバレッジ比率	金利費用		
	3%	5%	7%
0%	9.10%	9.10%	9.10%
25%	12.60%	12.90%	13.10%
50%	15.30%	15.90%	16.40%
100%	19.30%	20.20%	21.20%
250%	25.20%	26.80%	28.40%

出所）ミレブスキーとIFIDセンター、2012年

確率は9％である。ところが、金利5％でレバレッジ比率を100％にすると、当初元本の1/4を失う確率は20％近くになる。5回に1回の確率だ。どうしてそんなに確率が高いのだろう？　良い結果になる確率も同様に高かったではないか。どうして良いときと悪いときのどちらも確率が高くなるのか？

　そう、これこそ投資のレバレッジの要点なのだ。あなたは両極端を経験することになる。とてもうまくいく場合もあるが、ひどく悪くなることもある。市場が上がればとてもうまくいき、市場が下がればひどく悪くなる。レバレッジは、アップサイドもダウンサイドも極端に増大させるのである。

　少し専門的に言えば、レバレッジは投資に対するリターンの可能性も高めるが、不確実性も一緒に高めてしまう。不確実性が高ければ、極端な状況になりやすくなる。良いときであれば、極端なケースは大歓迎だが、悪いときはあなたを破産寸前にまで追い込みかねない。

　言うまでもなく、良いとき（アップサイドの可能性）だけでなく、悪いとき（ダウンサイドのリスク）も覚悟しなけれ

ばならないのは残念である。もっとも、それがまさに金融機関や国の規制当局が個人レベルでの大きなレバレッジを禁止している理由であり、その考えは理にかなっている。とはいえ、悲惨な結果になる可能性を避ける、あるいは少なくとも大きく減らす方法が1つある。つまり、アップサイドの可能性があって、損をしない商品を買うことである。そんなこと、不可能だろうって？ いや、ある種の指数連動債やプット保護ポートフォリオ[3]など、金額の保証がある投資はどれも、(分布の)「左端」[4]（損失の可能性）が取り除かれている商品である。商品名は複雑でわかりにくいが、基本となる考え方は同じだ。「左端」とは、当初の資産が減ってしまう場合のことである。

　暴落に強い投資はどれも、見かけはどうあれ、リターンが少し低くなるのと引き換えに、弱気相場であれ、もっと悪い場合であれ、当初元本を戻すことを約束してくれる。要するに、未払いのローンの満期時に、その返済のためのお金が手元にあることが保証されるのだ。

　もちろん、これらの商品が借りたお金にかかる金利コストに勝るリターンを生み出す保証はない。それでも、少なくとも真の破局の可能性は取り除かれる。要約すれば、レバレッジを考える際に忘れてはならない最も大切なことは、最悪のタイミングで保有資産を売らなくても金利が支払えるかどうかである。

負債は良いものか？

　本章では、レバレッジを使うこと、つまり純粋に投資のためにお金を借りることが賢明な戦略であるかどうかを検討し

ている。もしあなたの投資に税控除があり、市場リターンがキャピタルゲイン扱いになって、売却時まで税金が繰り延べになれば、レバレッジのアップサイドは実に魅力的に思えるだろう。同じ理屈で、ダウンサイドがあるのも自明のことである。事が悪い方に向かうことは当然ありうるし、そうなればあなたの損失は膨らんでしまう。**表4.4**に示したように、投資元本を大きく失って苦しむ確率は極めて高い。

金融危機は、レバレッジのダウンサイドを検証するのに大変良い教訓になる。危機についてあまり詳しくない人のために、基礎的なことを振り返ってみる。特に、過剰な負債がどれくらい大きな要因になったのかを説明したい。

1997年から2006年の間に、住宅価格は124%も上昇、つまり倍以上になり、米国は住宅バブルの真っただ中に引き込まれた。住宅価格の上昇に伴い、住宅ローンも急増した。これは、住宅を買おうとしている人がこの急上昇するマーケットに加わろうとする一方で、すでに所有している人が、住宅価格の上昇によって担保枠が広がった住宅ローンで借り入れを増やし、消費を賄ったためである。また金利が極めて低くなったことで、もっと借りたいという欲望に油を注いだ。

住宅ローンの貸し手は互いに市場占有率と収益を競い始めた。とはいえ、信用力の高い借り手の需要は乏しく、銀行は信用履歴の劣る借り手への信用供与であるサブプライムローンにビジネスの方向を転じた。それまでサブプライムローンは住宅ローン全体の中でせいぜい10%ほどを占めるだけだったのが、住宅バブルのピークである2005年〜2006年には20%を超えた。

さらに問題を悪化させたのは、米国人が抱える負債の規模だった。住宅バブルのひと頃には、世帯の平均債務残高は可

処分所得の127%にもなっていた。一方で、貯蓄率はほぼ0%だった。米国人は債務に依存しすぎ、その結果は実に悲惨なものになった。

サブプライムローンの借り手がデフォルト（債務不履行）し、銀行が担保として住宅を取り上げ、不動産市場がそうした住宅であふれかえるのは時間の問題だった。市場への住宅供給が増え、需要がなかったことで、住宅価格は急落してバブルは崩壊した。S&Pケース・シラー住宅価格指数を見ると市場はまだ回復しておらず、2012年2月時点で住宅価格は2006年中ごろの最高値を35%下回っている[5]。

住宅価格が下がり、住宅資本が消失したため、住宅ローンの借り手は借り換えができなくなった。続いて、サブプライムではない（優良な）借り手もデフォルトし始めた。担保権の行使はさらに急増した。たとえば2009年9月には、住宅ローンの14%以上が滞納されていた。要するに、7世帯のうち1世帯がデフォルトしたのだ。

金融上の痛手は個人に留まらなかった。銀行もまた、株主リターンを上げるために政府の規制の緩さを利用して、驚くほど過大なレバレッジを掛けた。しかし、レバレッジを増やすことはリスク増につながる。大投資銀行の多くが30倍のレバレッジ（つまり元本1ドルに対して、借り入れが30ドル）を掛けた。株式市場が急落し、彼らが貸し付けていた顧客がデフォルトすると、銀行は巨大な債務負担に耐えられなくなり、つぶれていった。こうした銀行を救済し、金融市場の安定性をいくらかでも回復するために、数十億ドルという政府の緊急資金援助が使われた。

金融危機に関するこの説明には、債務担保証券（CDO）や住宅ローン担保証券（MBS）など、より複雑なものの多

くが省略されている。それでも、金融危機の核心は言い当てているはずだ。個人も企業も持続できないほどの債務を抱えてしまった。レバレッジには長所もあるが、それが危険なものにもなりかねないことを忘れないために、2007年に始まった金融破綻を教訓にすべきである。

すべてをうまくまとめる——人的資本を含めた最適資産配分の例

ようやく本書の節目までたどり着いた。債務やレバレッジの利点に関する私の考えを、人的資本の役割と、株か債券かという「自分」株式会社のメインテーマに結びつけてみることにしよう。いまこそ投資やキャリア、保険を組み合わせた、ライフサイクル全体を見通す完全なポートフォリオ選択を分析するときである。

まずは年収10万ドルの45歳の証券会社社員を例に取ってみる。妻は専業主婦で、手のかかる子供を育てている。彼の仕事は金融サービス業で、所得は株式市場次第で大きく変動するため、彼の人的資本は（少なくともその大半は）間違いなく株式型である。分析を簡単にするために、401（k）やIRAなどの長期投資口座（以下、まとめて退職資産と呼ぶ）に25万ドル保有しているとし、今は住宅のことは考えないことにする。IFIDセンターの同僚たちと共同で開発・論文発表したモデルによると（結果は**表4.5**に示してある）、この証券会社社員は退職資産の60％（25万ドルのうち15万ドル）を、株式市場と連動性の高い投資に配分すべきである。残りの40％（25万ドルのうち10万ドル）は、債券と安全な固定利付商品に配分するのが望ましい。これは人的資本が株式型であるせいで、すでに株式に対して極めて高いエクスポージ

ャーがあるからだ。この投資は株式市場の方向性に対する投機的な判断や弱気な賭けではなく、（これまで何度も強調したとおり）人的資本をヘッジするものである。

　それとは対照的に、同じく年収10万ドルの終身在任権を持つ大学教授で、家族構成も同じだとすると、リスクのある株式市場に配分できるのは退職資産の280%になる。280%というのは、退職資産の25万ドルをすべて株式に配分せよという意味になる。さらに180%分の株式を借りる（レバレッジを掛け、信用取引で買う）べきである。すなわち、全体が70万ドルのポートフォリオになるよう45万ドルを借りて、それも株式市場に投資するのが望ましい。このやり方は一見、特に保守的な大学教授などには常識外れで慎重さに欠けるように思えるだろうが、それでも「人的資本は株か債券だ」という主張の核心をつくものである。大学教授は、何百万ドルもの債券を遊ばせたままにしているようなものだ。レバレッジ取引を行わなければ、教授のバランスシートは債券に偏った、不健全な配分になってしまう。資産をうまくバランスさせるためには、お金を借りて、効率的に債券を売り建てて保有資産の偏りを是正し、そして株式の収益に投資するのがよい。教授は投機を行っているわけでも、ギャンブルしているわけでも、苦労して稼いだお金を無分別に浪費しているわけでもない。何度も言うようだが、教授はヘッジしているのだ。金融資産だけでなく、自分のバランスシート全体を分散するための行為なのだ。

　表の2段目にある生命保険も同じ考え方である。証券会社社員は人的資本のリスクが高いために経済的評価が低いので、似たような経済状況に見える大学教授よりも生命保険額

表4.5 投資負債、生命保険、株式の保有バランス：人的資本が株式型か債券型かでどう変化するか（年10万ドル稼ぐ場合）

		大学教授	破産専門弁護士	エンジニア	証券会社社員
45歳	株式配分	280%*	170%*	125%*	60%
	生命保険	190万ドル	150万ドル	140万ドル	130万ドル
55歳	株式配分	85%	70%	50%	35%
	生命保険	80万ドル	60万ドル	50万ドル	40万ドル

＊100％を超える株式比率はレバレッジを意味する。つまり、お金を借りてリスクのある株式に投資する
出所）H. Huang and M. A. Milevsky, "Portfolio choice and mortality-contingent claims: The general HARA case," Journal of Banking and Finance, 2008.

を少なくすべきである。繰り返しになるが、証券会社社員は今後も大学教授と同じく10万ドルの年収を得ることが予想されるとはいえ、その所得はリスクが高いため、掛けるべき保険は少なくなる。つまるところ、すべて保護と分散という要素に帰着するのである。生命保険は、死に対する投機やギャンブルではない。人的資本が突然消滅してしまうことへのヘッジなのだ。将来収入の割引経済価値は、キャッシュフローが安定して予測可能であるときが最も高い。さらに言えば、大学教授と証券会社社員はどちらも年間所得10万ドルを見込まれているが、証券会社社員の方が給与の変動性は高い。従って割引現在価値は低くなる。そのため、保険金額が少なくなる。

この2つの極端な例と比べると、エンジニアの人的資本は株式市場と必ずしも連動しないので、株式への配分は証券会社社員よりも多く、大学教授よりは少なくなる。また企業破産処理の専門家（破産専門弁護士）は、企業の経営が悪化しているときに業績が良くなるので、今回使ったモデルではエンジニアよりも株式の配分を増やすことを推奨されている。みな45歳で、年収も同じで、バランスシートに同額の金融

資産があり、同額の住宅ローンを抱えている。ところが、ポートフォリオは1人ひとりみな違う。それはなぜか？　人的資本が株式型の人も、債券型の人も、その2つが組み合わさった人もいるからだ。

　それでは次に、この「株式か債券か」というテーマに沿って、年齢の影響を考えてみる。10年後、証券会社社員が55歳になったときを見てみよう。個人的な状況は考えず、金融資産を大学教授と同じだけ積み上げられたとすると、退職資産の最適な株式比率は45歳の時の60%から35%に下がる。株式比率が下がるのは、年を取り、退職までの時間が少なくなって、単にリスクを取れなくなっているからである。以前の章でも詳しく述べたが、下落リスクに対する時間の影響は、最適株式比率を下げるよう働く。大学教授も加齢に伴って株式比率が下がるが、それでも85%を株式市場に投資している。

　エンジニアと破産専門弁護士も、大学教授と比べると株式比率は低くなるが、証券会社社員よりは高い。最適な生命保険の金額も、大学教授と証券会社社員の中間になる。もちろんここでは、証券会社社員が55歳までに、エンジニアや大学教授より金融資産を多く蓄積する可能性が高いという明らかな事実を無視している。ここにある数値はあくまで、統計学者が「セテリス・パリバス」というラテン語で呼ぶ、「他の条件が全く同じ」人工的な世界にしか存在しないものである。

　もしこの表をもう10年か15年延長すると、大学教授も証券会社社員もリタイアに入り、最適な保険金額は0に近づいて、投資ポートフォリオもさらに似通ったものになるだろう。この話は続く数章で取り上げるが、人的資本が金融資産

に変換された後では、ヘッジするインカムはほとんど残っていない。

ここまでの話や**表4.5**の数値は仮定に基づいた、極めて抽象的なものではあるが、実際の条件や職業がどうあれ、信頼のおける、強固な論拠であることには変わりない。また、これまでの章で論じてきた考え方のいくつかを補強してくれるものだ。

まず何より、昔からよく言われる「債券比率は自分の年齢と同じにするのがよい」とか、「100から年齢を引いたものが株式比率になる」というルールは、良くて無意味であり、悪い方に転べば害を招く。この数字を100から110、ないしは120に変えたところで、あなたの仕事の本質やリスク区分を正確に反映させることはできない。職業や人生の時期によって、株式への最適配分は100から年齢を引いたものより大きくなることも、小さくなることもある。年齢には、適切な資産配分を決めるのに十分な情報は含まれていないのだ。

同じように、昔からお金を借りるのはあまり良くないことと見られてきた。個人的な体験を通じて、確かにある世代以上の人々が強い難色を示すことはわかっている。それでもこの章では、債務だけを切り離して評価することはできないと論じてきた。それどころか、債務はもっと広い問題である「自分」株式会社の最適資本構成の1つの要素なのだ。正しく分析すれば、資産配分という難しい問題に入ってくるもう1つの要素とも言える。安全で信頼できる人的資本や仕事を持つ人々であれば、退職資産をはるかに超す額を株式に投資できる強い根拠が存在するのである。私自身も、この考え方を実践してレバレッジを2倍に維持している。なんと言っても今は、きわめて妥当な金利の投資ローンと信用口座を使っ

て、そういうことがいともたやすくできる時代なのだ。

　直感とは相容れないかもしれないが、最も保守的でリスク回避傾向が強いと考えられる公務員や大学教授こそ、理論的に言えば、投資リスクを最大限に取るべき投資家なのだ。単に流動性の高い投資口座に注目するのではなく、個人のバランスシート全体を見さえすれば、それは明らかである。

　続く数章で、ライフサイクルに沿ってさらに旅を続け、人的資本を使い切ると（つまりリタイアすると）何が起こるのかを論じていく。ここで、あなたの金融資産をどう配分するかを考える。この段階まで来ると、リタイア前にしていた仕事の種類は、年金の状況やその他の定期収入の安全性ほど重要ではなくなる。ともかく、まずは将来、何にコストがかかりそうかを語るところから始めよう。次章では、インフレについて見ていこう。

まとめ

* 負債は悪でも誤りでもない。金融戦略の1つなのだ。もっと言えば、投資目的での負債は文句なしに理にかなっている。負債に対して支払う金利が、負債による投資から得られるリターンより少なければ何の問題もない。
* この章で述べていることの1つに、負債を抱えて死ぬのは、あなたのバランスシートの個人資本がプラスである限り、その言葉の響きほど忌まわしいことではない点がある。たとえば、もし家の価値が50万ドルで負債が20万ドルなら、あなたの個人資本はプラスである。問題なのは、純資産である。
* 投資のためにお金を借りると、金融ショックを受けやすく

なる。そうしたショックに耐えられ、混乱期の金利支払いを賄える資金があることを確認しておくことが必要だ。この考え方は金融危機の際に実証されている。金融危機は、過剰なレバレッジに付き物の危険を理解する一助になる。
* 最後に、もしあなたの人的資本が将来の収入を予測しやすい安全な仕事（債券型）であれば、債券に偏りすぎている場合が多いので、ローンのニーズがなくても投資のために借り入れしてよい。実を言えば、必要のないローンこそ、まさに最善のローンなのである。

章末注

明らかに、負債、住宅ローン、慎重なレバレッジというテーマは、ようやく話題になってきた。そして、この問題がどれだけ個人の住宅と結びついているか、強調しすぎることは無い。Goetzmann（1993）の論文では、不動産と住宅を資産配分の一部として扱うわかりやすい方法を提供している。Evensky and Katz（2006）の著書には、個人の資本構成の一部としての負債や借金に関する問題を扱った論文が多く紹介されている。

1 訳注：シルビオ・ゲゼルがその代表作『自然的経済秩序』で提案した通貨制度で、徐々に貨幣価値が下がる（Wikipediaより）
2 訳注：「新訳 ハムレット」（河合祥一郎訳、角川書店、平成十五年）の第一幕第三場で、国王の顧問官であるボローニアスが、息子のレアーティーズの旅立ちの際に話した言葉の一節
3 訳注：プットオプションを組み込み、下落を抑えているポートフォリオ
4 訳注：「テール」とも言う
5 訳注：2017時点では回復している

[日本の読者への補足説明]

　家計調査によれば、日本でも債務のほとんどは住宅ローンになります。また表1.4の金額や保有者の割合を見る限り米国世帯の負債構成もそれほど大きくは違わないでしょう。この章で述べられているような、「負債（レバレッジ）を効果的に使って、人的資本も含めた最適資産資本配分を考えよう」というのは、まだまだ一般的ではなさそうです。

　しかしながら、自分の所得の特性も理解したうえで、お金の持ち方、資産形成の方法を考えることは、やるべき価値があると思います。将来の所得を予測することは難しく、「最適」な配分は求まらないのが現実ですが、それでも、自分の給与は安定しているのか？　自分の仕事はどういった経済変動に影響を受けやすいのか？　世帯で見たらどうか？　長く働けそうか？　こういったことを考えたうえで、「とりあえず預金」に入れるのではなく、きちんと合理的にリスクを取って将来に備えていく姿勢が今、求められています。

日本の世帯の負債構成：負債の種類別負債現在高

項目	二人以上の世帯のうち勤労者世帯				
	2016年	2017年			
	金額（万円）	金額（万円）	構成比（％）	対前年増減率（％）	負債保有世帯割合（％）
負債現在高	781	794	100	1.7	54.1
住宅・土地のための負債	716	739	93.1	3.2	42.6
公的機関	89	86	10.8	−3.4	5.7
民間機関	603	633	79.7	5.0	36.4
その他	24	21	2.6	−12.5	2.6
住宅・土地以外の負債	45	33	4.2	−26.7	10.4
公的機関	6	6	0.8	0.0	2.2
民間機関	34	22	2.8	−35.3	7.2
その他	5	5	0.6	0.0	2.3
月賦・年賦	20	21	2.6	5.0	18.3

出所）総務省「家計調査（貯蓄・負債編）平成29年」

Chapter 5: Personal Inflation and the Retirement Cost of Living

第5章
個人のインフレと
リタイア後の生活費

思い込み5:「金融危機と世界金融不況のせいで、インフレは昔に比べるとずっと緩やかだ。だから、そんなに心配する必要もないだろう」

私は1980年代にラテンアメリカで育ったので、インフレが日々の生活にどう影響するのか、苦もなく理解できた。年間のインフレ率は3桁にも達し、子供でも、二度と同じ値段にはならないことがよくわかった。現金を遊ばせておく余裕はなく、銀行預金の金利はインフレを上回るように設定されていた。給料は米ドルに連動し、年金給付は、消費財バスケットから計算され、インフレを考慮して支払われた。そう、複雑だけれども、それが現実なのだ。

　その後、通貨の安定した北米に引っ越し、インフレの破壊力については遠い記憶になった。そして私のリスクや心配事リストから消えてしまった。なんと言っても、米国の消費者物価指数（CPI）は、過去25年間の年複利で2.92%しか上昇していない。30年前に私が高校に入った頃は、2.92%というのは適切な週次インフレ率と考えられていた地域もあったのだ。そう考えれば、明らかに米国はとても恵まれており、低インフレの恩恵を享受してきたことになる。**図5.1**には、ここ数十年のインフレ率が表示されている。いくらか変動はしているが、相対的に見れば十分低い率である。これを見ると、インフレはもはや問題ではないという間違った安心感に陥りかねない。もっとも、FRBの主たる政策的な役割は物価を安定させることで、予期せぬ（物価上昇）圧力の気配が見えても慌てて金融引き締めに走ることがある。

　この章では、インフレについてさらに細かく検討して、それがあなたの年齢によってどう変化するか、お金の使い方によってどんな影響が出るかを示していきたい。意外なことだが、誰もがみなそれぞれのインフレを作り出している。それがどういう意味なのか説明しよう。あなたが若くて、給与所得を得ている間、つまり人的資本を金融資産に換えるプロセ

図5.1　米国の平均インフレ率（年率）

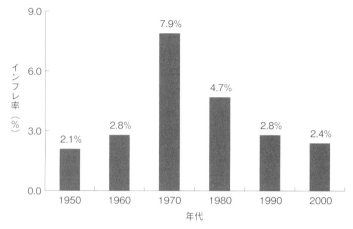

出所）CPI-U指数（米国労働省統計局）よりIFIDセンターで計算

スにあるときは、「株式ベース」の投資（訳注：人的資本のこと）はインフレの動きに後れを取ることは少ない。ほぼどんな所得でも、実質（インフレ調整後）でプラス成長するものであり、働いている間はインフレがそれほど大きな脅威にならない。もしインフレが勢いを増せば、生活費の上昇についていくために、あなたはおそらく賃上げかボーナスを会社に要求するだろう。働いている間は、インフレはあなたの金銭面を脅かすもののリストの上位には挙がってこないものだ。

　だが、リタイア後インカムのプランニングの段階になると、状況は大きく変わってくる。この25年間で米国人が経験してきた相対的に低いインフレも、私がラテンアメリカで育ったころのハイパーインフレと同じくらい危険になりうる。小さい数字は見逃しがちになるからだ。しかし、長期的

に見ると命取りになりかねない。特に、あなたがインフレリスクへの備えがなく、自分のインフレ率がわかっていない場合には危険である。もう一度言うと、年を取るに従ってあなたが直面する金融上の大きなリスクの1つは、誰にもわからない、年代それぞれに特有の個人的インフレ率なのだ。インフレリスクを管理することが特に大切になるのはリタイア後である。というのも、金融資産のほとんどが危険にさらされ、そのうえ人的資本も残っていない可能性が高いからである。

基本に立ち返る：インフレの影響

表5.1は、比較的緩やかなインフレ率の長期的影響を示したものである。この表の見方を説明しよう。あなたはリタイア後に毎月1000ドルの年金給付を受け取っているが、この額はインフレ調整されないとしよう。つまり、あなたの名目インカムはずっと1000ドルのままだが、購買力は時間とともに着実に下がっていくことになる。年を取るにつれ、同じ金額で買えるものが少なくなるのだ。この表は、インフレが

表5.1 インフレ：1000ドルの給付金で実際には何を買えるか？

年数	0%	1%	2%	4%
1	1,000ドル	905ドル	820ドル	676ドル
15	1,000ドル	861ドル	743ドル	555ドル
20	1,000ドル	820ドル	673ドル	456ドル
25	1,000ドル	780ドル	610ドル	375ドル
30	1,000ドル	742ドル	552ドル	308ドル
35	1,000ドル	706ドル	500ドル	253ドル

出所）ミレブスキーとIFIDセンター、2012年

進むことで、1000ドルで買えるものがどう変わるかを、今の貨幣価値で示したものである。

インフレ率が2%から4%に上がると、25年後には1000ドルの購買力が610ドルから375ドルへと40%も下がる。25年のところを見たのは、これが今リタイアしたばかりの夫婦の余命の中央値だからであり、2%から4%というインフレ率はおそらく妥当な範囲だろう。たとえば、1990年以降でインフレ水準が2%から4%の間から外れたことは5回しかなく、どれもそれほど大きくずれたわけではなかった。

実は、インフレの話はもっと興味深いものである。米国労働省労働統計局が、高齢者用のまったく新しい試験的なインフレ指数を作成した。この指数はCPI-Eと呼ばれ、米国の人口のうち17%を占める62歳以上のインフレ率をさらに正確に捕捉するためのものである。

なぜ高齢者になるとインフレ率は変わるのだろう？　そもそもインフレ率とはどうやって計算されるのか？　少し話を戻そう。これらの質問への答えを探っていくと、我々の消費動向に帰着する。つまるところインフレ率とは、人々のお金の使い方に基いて、統計学者が部分的に計算で割り出したものなのだ。

統計学者は、何百というカテゴリーや品目の価格変化を毎月調査している。値上がりするものもあれば、値下がりしたり、変化がなかったりするものもある。平均的な消費動向を反映するように、それぞれのカテゴリーや品目に比重がかけられる。もし典型的な米国人がアボカドと比べてバナナにお金を3倍使うようであれば、指数の中でのバナナの比率はアボカドの3倍になる。これには、バナナアレルギーがあるとかアボカドの方が大好きとかといったあなた個人の嗜好は関

係しない。

勤労者消費者物価指数は、頭文字を取ってCPI-Wという名前がついている。Wは、この指数が給与所得者（Wage earner）に向けたインフレ率であることを示しており、この指数は、米国の人口の32%を占めるグループの消費動向を反映している。2009年末で、米国勤労者は衣服の4倍ものお金を食料に使っており、娯楽費用の約7倍も住居費用として支出している。これらの比重は時とともに変化するが、相対的にはそれほど変動がない。**表5.2**には、CPI-Wを構成するカテゴリーの2009年末時点の構成比率が記載されている。むろん構成比率の合計は1になる。それぞれのカテゴリーが独自のインフレ率を持っていることを見てほしい。カテゴリーの構成比率、あるいは相対的な重要度が大きくなれば、そのカテゴリーの価格変化がインフレ率全体に与える影響も大きくなる。

表5.2からわかるように、それぞれのカテゴリーに置かれた相対的な重要度は、通常の指数（CPI-W）と新しい試験的な高齢者版（CPI-E）では異なっている。たとえばCPI-Eでは、医療・介護の重みがCPI-Wの2倍以上になっている。その理由は、高齢者の方が医療・介護に支出する割合が高いからである。これと正反対なのが、食料である。相対的な重要度は、給与所得者のインフレ率0.16に対して、高齢者では0.12になっている。**表5.3**は、この2つのカテゴリーに対する支出の中央値の変化を、年齢層ごとに見たものである。40代と50代は、医療・介護の費用の2倍を食料に使っている。70代後半に入ると、食料は医療・介護の費用より少なくなる。

老人ホームの個室が、地域によっては1日当たり435ドル

表5.2 あなたのインフレ率は？

カテゴリー	CPI-W（勤労者消費者物価指数） 相対的な重要度	CPI-W 12年間のインフレ率	CPI-E（高齢者消費者物価指数） 相対的な重要度	CPI-E 12年間のインフレ率
全体	1.00	33.8%	1.00	36.1%
衣服	0.04	−8.7%	0.03	−9.3%
教育	0.06	24.2%	0.04	11.2%
食料	0.16	37.0%	0.12	36.3%
住居	0.40	37.4%	0.47	37.3%
医療・介護	0.05	60.8%	0.11	60.0%
娯楽	0.06	9.9%	0.06	21.1%
交通	0.19	31.2%	0.14	32.4%
その他	0.04	78.0%	0.03	57.5%

出所）労働統計局、2009年末まで

表5.3 個人消費支出実態調査

年平均	45～54歳	55～64歳	65～74歳	75歳以上
食料	7,230ドル	6,068ドル	5,148ドル	3,873ドル
医療・介護	3,261ドル	3,859ドル	4,922ドル	4,754ドル
医療・介護に対する食料の比率	2.22	1.57	1.05	0.81

出所）「個人消費支出実態調査2010」米国労働省労働統計局

にもなるのを知って驚く人がいるのをよく見かける。表5.4はこの費用のサンプル平均であり、これがリタイア後の医療・介護費用の上昇に一部寄与している。一般的な資産承継プランニングやメディケア、メディケイドその他のリタイアにおけるリスクと同様、長期介護保険は本書の対象ではないので、こうした問題もしっかり検討すべきであるとだけ言っておこう。健康関連の支出は、年齢が上がるにつれて支出や家計状況の中でさらに大きな要素になっていく。要は、他のものと比べて、医療・介護のインフレがあなた個人のインフ

レ率にもっと大きな影響を与えるということだ。

これがリタイア後のインフレに関して重要なのは、リタイア後インカム・プランニングに影響を及ぼすからである。1982年初旬から2006年末まで、通常使われる勤労者のインフレ率は、年率複利で2.96%あった。同じ期間、高齢者のインフレ率は3.30%で、過去25年間で平均より年率35ベーシスポイント（0.35%）も高かった。これを複利で積み上げると、25年間で18%の差になる。

とはいえ、私がここで強調しておきたいのは、リタイア後のインフレ見通しを少し高めにせよということではない。CPI-Eがあなたにとって意味があるとも思わない。なぜなら、これはあくまでいろいろな人が集まったきわめて大きな集団の平均だからである。むしろ私が言いたいのは、米国労働省がリタイアした人向けのインフレ率をわざわざ計算したという事実から、我々はインフレが個人的で、人それぞれに特有のものだと気づくべきであるという点だ。要するに、CPI-Eがあるなら、CPI-ME（私のインフレ率）やCPI-YOU（あなたのインフレ率）があってもいいはずである。あなたの住んでいる地域、お金の使い方、年齢、それに性別によっても

表5.4　老人ホームの費用（個室）

地域	1日あたり平均	年間平均
サンフランシスコ	435ドル	158,775ドル
ニューヨーク	381ドル	139,065ドル
ボストン	339ドル	123,735ドル
タルサ（オクラホマ州）	174ドル	63,510ドル
ウィチタ（カンザス州）	170ドル	62,050ドル
バトンルージュ（ルイジアナ州）	147ドル	53,655ドル

出所）"The MetLife Market Survey of Nursing Home & Assisted Living Costs," 2010年10月、IFIDセンターで計算

インフレ率は違ってくる。

　もう1つ例を紹介しよう。アトランタの過去10年の平均インフレ率は1.7％、サンディエゴは2.8％だった。同様に、メリルリンチが2007年に発表した調査レポートでは、男女のインフレ率の違いを分析している。執筆者の一人であるチーフエコノミストによると、女性のインフレ率は3.6％で、男性は0.2％弱だった。それはなぜなのか？　支出動向が違うからである。

　我々は皆、支出動向に基づく、人によって少しずつ違うそれぞれのインフレ率を持っている。「自分」株式会社のオーナーとして、あなたの仕事は、新しく投資した自分の金融資産が、どこかのマクロ経済的な平均ではなくあなた独自のインフレ率にきちんと対応するよう気を配ることである。独自のインフレ率こそが支出に関する真のベンチマークになるのだ。

　もう少しこの問題について考えてみると、他の条件がすべて同じなら、自分の人的資本は金融資産よりもうまくインフレに対応している。なんと言っても、給与や賃金は間接的ではあるが、インフレに連動する傾向がある。それに対して、リタイアして人的資本をほとんど金融資産に転換したあとは、インフレはより大きな脅威になる。

　まだ納得できない人には、図5.2が少し違う見方を教えてくれるだろう。この図は表5.2の数字をグラフ化したものである[1]。見てのとおり、高齢者と勤労者ではお金の使い方が異なっている。

　これを実務に生かすにはどうしたらいいか？　まず、自分が何にどれくらいのお金を使っているのかを冷静にしっかり分析してみよう。つまり、あなたが住んでいる地域と実際の

第5章　個人のインフレとリタイア後の生活費

図5.2 インフレはみんなが一緒に動くような現象ではない

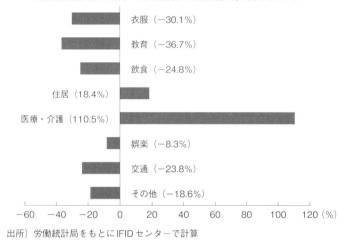

出所）労働統計局をもとにIFIDセンターで計算

　お金の使い方に基づいて、おおよそのインフレ率を作ってみることから始めるのがいいだろう。**表5.2**の数値を使い、自分のインフレ率を作ってみるか、もう少し頑張って、自分の住んでいる地域のインフレ率を調べてみるとよい。

　まったく仮想的な例ではあるが、あなたのリタイア後の支出が住宅と医療・介護の2つの要素からなっているとしてみよう。また、その2つに同じ額だけ支出するとしよう。このケースでは、過去10年間の個人のインフレ率は2つの平均で（34%+48%）÷2=41%になり、年間のインフレ率は、おおよそ $(1.41)^{(1/10)} - 1$ で3.5%になる。

　念を押しておけば、米国労働省統計局（BLS）はインフレ率を計算するのに、この数値を10年間固定しているわけではない。それに、住宅のインフレ率は独特の方法で算出して

いる。それでも、私が言いたいことはおわかりいただけると思う。誰でも、自分の支出をよりよく反映させた個人の大ざっぱなインフレ率を作ることができるのだ。

　もう1つ重要なことがある。特定のインフレ率に対して、自分の金融資産を完全にヘッジするような固定利付の投資商品を見つけるのは大変難しく、次善の策は、自分の負債と極めて相関の高い投資商品を見つけることである。

　たとえば私なら、私個人のインフレ率へ（予想できない）衝撃を与えるものから利益を得る業種や企業に、株式ベースのポートフォリオの中で多めに投資するかもしれない。医薬品業界、バイオテクノロジーやヘルスケアの企業、それに老人ホームの運営会社は、寿命がさらに伸びることで利益を得る立場にある。もし、ファイザーやメルク、ワイス（訳注：2009年にファイザーが買収）、グラクソ・スミスクライン、バイエルが、私の人生を数年伸ばす薬を発見して商品化すれば、私の長生きコストは明らかに増大する。さらに重要なのは、これらの企業の株価が市場平均よりも上昇する可能性が高い点だ。そうなれば、これらの企業への投資は、リタイア後の支出の思わぬ増加（別の形の個人的なインフレ）をヘッジできるし、部分的な保険を掛けることにもなる。

　私がまだ検討していない問題の1つに、CPIの計算方法が経済全体のインフレ率を測定するのに良い方法であるかどうかということがある。多くの経済評論家は、インフレに個人的な側面があることはさておき、今の経済におけるインフレ率はもっと高く、公表されている数字は実際よりも低いと考えている。これは、測定の難しい消費者物価の多くを人為的な数値に置き換えているために、統計的手法にバイアスがかかっているからである。どちらにしても、結論は変わらな

い。インフレにはもっと注意を払うべきだ。

　まして、経済危機後の今日の環境では、リタイアした人の金融資産に対するインフレの影響を認識することが、これまでになく重要になっている。実際、2012年の初めの時点で実質リターンは数年続いてマイナスになり、人的資本をあまり持っていない人々の脅威になっている。

　どうして実質リターンがマイナスになるのだろう？　1つには、金融危機に打ち勝つために、FRBは2008年12月に名目短期金利をこれまでの最低水準の25ベーシスポイント（0.25％）にまで引き下げたせいである。この低金利の狙いは、家計や企業の新規支出に資金を提供し、短期金融市場の流動性を増し、住宅価格を安定させることだった。金利は2008年末から上がっておらず、FRBは少なくとも2014年終盤までこのまま低金利を維持する計画である。もう1つ、インフレ率が相対的にずっと高かったせいもある。ちなみに、2011年のインフレ率は3％以上だった。

　実質（インフレ調整後）金利と名目金利の間には基本的な関係がある。実質リターンは、大ざっぱに言って、名目リターンからインフレ率を引いたものである。FRBの低金利政策下では、短期国債や定期預金、普通預金の名目金利はきわめて低くなり、3％のインフレ率をはるかに下回る。先に示した基本の公式を使えば、インフレ率が名目金利より高いので、実質リターンがどうしてもマイナスになるのがわかる。

　これはどういうことなのか？　リタイアした人はインフレに対して無防備に近い。昔なら、短期国債といった短期金融市場の商品でもインフレに近いリターンを得られ、そうしたものに投資することでうまくやれた。今では、リタイアした人はインフレを克服できず、彼らのキャッシュの実質価値は

インフレによってゆっくりと削り取られていく。もっと問題なのは、リタイアした人のインフレ率は、勤労者に比べて高くなりがちな点だ。それによって、リタイアした人の購買力はさらに減ってしまう。

リタイアした人々がこうした影響をもろにかぶるのは、人的資本がなくなり、金融資産だけで成り立っている個人のバランスシートの損失を防げないからである。逆に、大きな人的資本を持つ勤労者は、それほど影響を受けないですむ。なぜなら、彼らの自己資本の大半はインフレとともに増えていくからである。

まとめ

* 真のインフレとは個人的なもので、みんなが一緒に動くような現象ではない。自分の生活にかかるコストと一般的なインフレ率とを区別することを学ぼう。
* インフレを表す指標としてよく使われる消費者物価指数（CPI）は、平均の平均として計算され、経済全体の状況を表すもので、あなた個人が経験することを表すものではない。
* 高齢者用に新しく作られた指標であるCPI-Eによれば、加齢とともにインフレ率は高くなりがちである。過去のデータを見ると、CPI-EがCPIを上回ることが多い。たぶんこれは、高齢者が消費する商品やサービスは時とともに値上がりするスピードが速いからだろう。
* あなたの投資とリタイア後インカムが、個人のインフレ率にきちんと対応しているか確認しよう。あなたはリタイア後にはそれほどお金が必要ないと思っているかもしれない

が、それは疑問だ。私の見るところ、あなたに必要な費用やあなた個人のインフレ率は毎年5%から8%増加する可能性がある。
* あなたの人的資本がおおむねインフレからしっかり守られているのは、それがCPIと連動して上がる傾向にあるからだ。反対に、金融資産はもっとCPIの影響を受けやすく、その価値を維持するためにはインフレ率より高いリターンを得る必要がある。

章末注

リタイアした人にとっての「生活費」に関する更なる情報は、Eisenberg（2006）の著書や、Evensky and Katz（2006）による論文集を参照のこと。米国労働統計局（BLS）のウェブサイト（www.bls.gov）では、消費者物価指数（CPI）の構成要素や、高齢者向けのCPI-Eについて、より多くを学ぶことができる。あるいは、FRB議長（当時）であり、この分野の世界的な権威でもあるProfessor Ben Bernankeの最近のスピーチや証言を読んでもよい。

1 訳注：表5.2と同じデータソースから相対的な重要度をもとに（CPI-E － CPI-W)/CPI-Wで計算したと思われる

[日本の読者への補足説明]

　長くデフレと金融緩和が続く日本では、インフレが問題になるかどうかは議論が分かれています。もし死ぬまで物価が上がらなければ、あるいは上がっても小幅であれば、インフレは杞憂ということになるでしょう。しかし、多くの物資を輸入に頼っている日本では、円安や輸入価格主導のインフレが起こらないとは言いきれず、こういった事態に備えて「ヘッジする」べきというのが本書の一貫した主張です。

　また、ニュースで見る「インフレ」と、実際のインフレが違うというのも本書の主張です。これまでの章で見たように、資産、自己資本などはそれぞれで違います。おなじように、何にお金を使うかも人によって違います。また、年齢によっても変わることも考えないといけません。たしかに、就

世帯主の年齢階級別10大費目指数（総合）の前年比

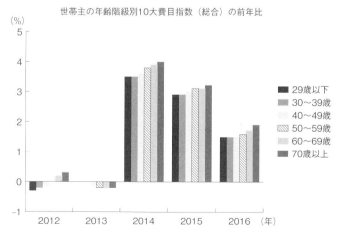

出所）総務省「消費者物価指数　年報（平成28年：2016年）」（世帯主の年齢階級別10大費目指数）より野村證券作成

第5章　個人のインフレとリタイア後の生活費　　161

職、結婚、子育て、転居や自宅の購入と、ライフスタイルが変わるごとにお金の使い方が変わります。また、特にリタイア後では、インフレから身を守ってくれる所得が無い中で、よりインフレの影響を受けやすい「サービス」を購入するようになるだろうというのがポイントです。

　米国でCPI-Eという高齢者向けインフレ指数が作成されたことが紹介されていますが、日本でも消費者物価指数の中に「世帯主の年齢階級別10大費目指数」があります。ここに挙げたグラフを見ると、29歳以下と70歳以上で、5年で2%ほど物価に差が出てきています。また、「高齢者の直面する物価水準」（宇南山、2013）といった研究もあります。今後重要になってくる分野かもしれません。

Chapter 6: Sequence of Investment Returns

第6章
投資リターンの順序

思い込み6:「私の投信はこの10年間で4%稼いだから、どう見ても同じ期間で2%しか稼げなかったお隣さんより良かったな」

本書を書いている2012年初頭には、株式市場は景気後退前の水準近くまで回復しており、S&P500指数は1400ポイントと、過去最高値である2007年10月の1565ポイントに肉迫している。リタイアした人の中には、資産が昔ほどではないにしても、金融危機以前に近い水準には戻った人もいるのではないだろうか[1]。それでもなお、あなたの順調であるはずのリタイア生活は危機に瀕している。特に、近年の下落相場の間に退職資産を取り崩してきた場合はそうである。その理由は「リターンの順序リスク」であり、この章全部を使って詳しく説明する。

　旧約聖書にあるヨセフとファラオ（エジプト王）の話は、王が夢の中でエジプトの地に7年間の豊作と7年間の飢饉が起きると予言される有名な逸話である。「創世記」ではさらに話が進み、このシナリオは現実となって、14年間で収穫状況が大きく変動する。実は、聖書研究家の中には、この話でファラオは良い7年と悪い7年のどちらを先に経験するか、選択する余地を与えられたと主張する人もいる。賢人の多くがそうであるように、ファラオは良い7年から始めることにした。伝説によれば、予言の意味をすべて言い当てた功績で宰相にまで出世したヨセフと力を合わせ、ファラオは豊作の7年間のうちに、その後に続く7年間の壊滅的な打撃に耐えられるだけの穀物を貯蔵することができたという。

　おそらくこれは、あと数年の内に人生の次のステージに移ることになるベビーブーマーにとって、ためになるたとえ話になるのではないか。7500万もいると言われるこの世代の人々は、リタイアを迎えるにあたって、ファラオに与えられた伝説の選択ほどではないにしても、似たようなジレンマを抱えることになる。これは大切なテーマであり、「良い」7

年間が「悪い」7年間より先に来ることがいかに重要か、この章を使って細部にわたって解き明かしたいと思う。

不思議なのは、私が話した人のほとんどが、良い年が先に来る方が悪い年が先より良いと正しく判断し、当たり前のことだと言う人も少なくなかったにもかかわらず、この本能的直感を拡大適用して、その意味を間違って解釈していることだった。簡単な思考実験を使って、その点を説明したい。

あなたは、10万ドルを数年間投資できると仮定してみよう。このお金を全部、ごく基本的な投資信託に入れたところ、1年目に27%のリターンが出て、その年の末には12万7000ドルになった。取り崩したり、買い増したりせず、そのまま投信を持ち続け、翌年のリターンは7%になった。2年目の年末には、12万7000ドルに7%が加算されて、投資額は13万5890ドルになった。最後の3年目は運用がうまく行かず、13%の損という残念な結果に終わった。投資額は、前年比87%の11万8224ドルになった。そこで、失望と不安から、あなたはお金を引き上げることにする。それでも元の10万ドルから全部で18.2%のリターンを得ることができたのだ、と自分を慰めることになるだろう。

大切なのは次である。このリターンの順番をひっくり返して、まずマイナス13%が最初の年に来て、2年目が7%、3年目が27%だったとしよう。その場合、3年後の資産は前の11万8224ドルより多くなるだろうか、少なくなるだろうか? -13%、+7%、+27%という順番になったときは、+27%、+7%、-13%のときと比べて、出だしを誤ったせいで悪い結果になるのだろうか?

こう質問すると、ほとんどの人は「悪くなる」と答える。損が先に来るのは良くないと主張する。ところが、どちらの

場合もぴったり同じ金額、つまり11万8224ドルになり、これは疑う余地のない真実なのだ。もし信じられなければ、図6.1を見て、計算してみるとよい。「10万ドル×1.27×1.07×0.87」は、「10万ドル×0.87×1.07×1.27」とまったく同じ答えになる。買い持ち、つまり途中でお金の出入りがない場合は、リターンの順序は重要ではない。問題は、（複利の）年率リターン5.7%だけなのだ。これが、投信が5年、10年、20年の複利リターンを大いに宣伝する理由である。あなたが買い持ちに徹すれば、年ごとのリターンは問題ではない。

とはいえ、多くの読者はもう気づいているだろうが、もしあなたがこの投資からお金を引き出しているなら順序が大切になり、損失の出る順番が早ければ早いほど、その影響も大きくなる。これが「リターンの順序効果」と言われるもので

図6.1　経路はまったく問題ではない

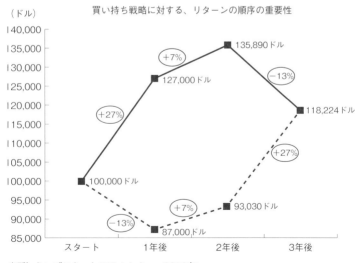

出所）ミレブスキーとIFIDセンター、2012年

ある。ファラオと同様、あなたも飢饉のようなひどいリターンをできるだけ遅らせたいと思うはずだ。この章の目的は、リタイア生活に移る際にリターンの順序がいかに大きな影響をもたらすか、そして、なぜ人的資本から金融資産への変換プロセスが終わったあとは、投資に対する考え方を変えることが大切なのかを正確に示すことである。

リタイア後インカムの三角関数

　株式市場や金利、投資リターンは周期的に動く。残念なことに、このサイクルはノイズによってかき乱され、後になってからでないとはっきり見えないものだ。この動きを前もって予測することは極めて難しいというのが、研究者の間の共通の理解になっている。それにもかかわらず、このサイクルの起こり方によっては、リタイア後インカムの持続可能性にとても大きな影響を及ぼす。

　ちょうど景気が後退サイクルに入っているときにリタイアして、投資している金融資産からお金を引き出し始めると、ポートフォリオの寿命は危うくなる。強気相場で引き出し始めたときほどあなたの退職資産は長続きしないだろう。これは、「リターンの順序リスク」とよくいわれる現象で、「リタイアの危険領域」と呼ばれる時期、つまりあなたの資産額がピークに達するときの前後数年では下落リスクのヘッジが重要であることを説明するために、保険業界の人がよく使う言葉である。

　強気、あるいは弱気相場がどうポートフォリオの持続可能性に影響を与えるか、高校で学ぶ基礎的な数学である三角関数、つまりサイン、コサインを使って説明してみたい。学ん

だのはかなり前のことでもう忘れてしまったかもしれないが、大筋は理解してもらえるはずだ。

まず、インカムと持続可能性を生みだす基本的な計算法を確認しよう。ちょうど100ドルの退職資産でリタイアしたとしよう。この100ドルをすべて投信に投資し、（インフレ調整後の）実質リターンが年率5%だったとする。簡単にするために、この5%を、複利計算の「年率」として使う。確認しておくが、これは、インフレが年率3%であれば、名目リターンはおよそ5%+3%=8%になり、インフレが4%であれば、名目リターンはおよそ9%になるということである。

では、ここからお金を使っていこう。もしあなたが6ドル（こちらもインフレ調整後）をここから毎年引き出していくと、退職資産はちょうど35.8年で無くなってしまう。もし7ドルずつ引き出せば、退職資産で25.1年食いつなげる。8ドルなら、19.6年でなくなる。忘れてならないのは、これはあなたのポートフォリオが、お金が続く限りインフレ調整後で年率5%のリターンをあげ続けていることが前提になっている。

では、あなたの疑念を晴らすために、完全に周期的な（サインカーブの）金融市場を想定してみよう。ここには確率、ノイズ、あるいは現実世界の不確実性といったものがまったく存在しないとする。では、まったく対照的な2つのシナリオを紹介したい。百聞は一見にしかずなので、この後の説明をわかりやすく示してある図6.2を見てほしい。

この図では、3本のうち真ん中の滑らかな線が、リターンが年率5%で一定のもと、毎年7ドルを引き出していく場合である。これをベンチマークにしよう。そして、黒い実線も、リタイア初日のリターンがちょうど年率5%でスタート

している。厳密に言えば、250営業日のうちの1日なので、この日のリターンは2ベーシスポイント（5%÷250 = 0.02%）になる。その後マーケットは強気になり、年率リターンはゆっくり上昇し、およそ19カ月後に20%（1日当たり8ベーシスポイント）まで上がる。数学的に言えば、マーケットのピークは、π/2年後となる。円周率πは約3.14なので、π年は3.14×12 = 37.68カ月になる。このため、π/2年は19カ月弱になる。このシナリオでは、どれも毎年7ドルずつ引き出しているとする。

ピークを迎えた後、金融市場は下落をはじめ、約19か月後に年率5%に戻る。つまり、およそ3.14年の間に、リターンは年率5%から20%に上がり、また5%まで下がる。

図6.2　流出する退職資産は、減るのが先か、増えるのが先か？

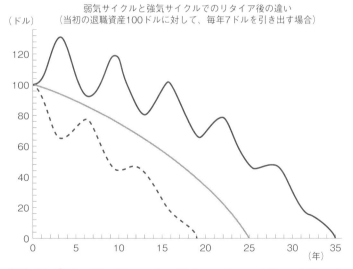

出所）ミレブスキー "The Trigonometry of Retirement Income," Research Magazine 2007年2月

ここからは弱気に転じる。市場はさらに19カ月ほど下落を続け、投資リターンが年率マイナス10％（1日当たりマイナス4ベーシスポイント）となる。図6.2の実線で、この2π年（約6.28年）で一巡する資産の動きを見てみよう。私が描いたこのサインカーブは、幅が上下15％、リターンの値で言えばマイナス10％からプラス20％までの範囲になる。

この正反対になるシナリオも考えてみよう。図6.2では、点線で表したものだ。ここでも、リタイア後に毎年7ドルずつ引き出していき、マーケットのリターンは年率5％からスタートする。しかし、すぐに弱気相場に入り、19カ月後にはマイナス10％になる（つまり、お金を失ってしまう）。そして、19カ月後に年率5％に戻り、そこから19カ月かけてリターンが20％まで上がる。その後も同じように続く。

もう一度言うが、図6.2はまったく正反対の2つの資産の動きを示したものである。いずれも長期の年率平均リターンは5％になる。

取り崩しがなければ、マーケットのどの時点で投資を始めようと（下がろうが上がろうが、弱気だろうが強気だろうが）、マーケットの1サイクル、つまり2π年（6.28年）後には、年率5％のリターンが得られ、投資した1ドルは1.37ドルになる。買い持ちすれば、マーケットがどの経路を通ったとしても、長期的には年率5％のリターンになる。上昇が先か下落が先かに関係なく、リターンが5％なら最終的にいくらになるかが正確にわかる。とはいえ、ここからお金を引き出した場合はまったく別の状況になるが。

どのタイミングであれ、その先数年間、マーケットがどちらの方向に動くか誰にもわからないことは了解してもらえるだろう。上がるかもしれないし、下がるかもしれない。重要

なのは、始めたときのマーケットサイクルで起こりそうなパターンをベースにして、あなたのポートフォリオがどれくらい持続するかという問題である。マーケットが上昇せずに下落すれば、あなたのリタイア生活が悪化することは直感的にわかるだろう。では、どれくらい悪くなるのか？　これが2つ目のポイントである。

表6.1は、最初の資産が100ドルで、毎年6ドルか、7ドルか、8ドルを引き出した場合の試算結果をまとめたものである。たとえば、図6.2で見たように、毎年7ドル引き出し、リターンがプラス20％からマイナス10％の間を動く変動の大きい資産クラスに投資した場合、マーケットサイクルのどの時点で始めるかによって、ポートフォリオが続く期間は34.9年から18.9年の間のどこかになる（訳注：表の6行目と7行目

表6.1 何が起こるか分からない：運任せではいけない

(マーケットサイクルと引き出し額ごとの、退職資産が続く期間の試算)

リターンの順序		当初の退職資産 100ドルからの引き出し額		
	マーケットサイクル	年6ドル	年7ドル	年8ドル
+5,+5,+5,+5	5％で一定	35.8年	25.1年	19.6年
+5,+10,+5,0	強気相場からスタート	41.7	27.7	21.3
+5,0,+5,+10	弱気相場からスタート	31.4	22.7	18.0
+5,+15,+5,-5	強気相場からスタート	50.1	31.0	23.4
+5,-5,+5,-15	弱気相場からスタート	27.9	20.8	16.5
+5,+20,+5,-10	強気相場からスタート	65.6	34.9	25.5
+5,-10,+5,+20	弱気相場からスタート	24.9	18.9	15.4
+5,+25,+5,-15	強気相場からスタート	無限	39.6	28.1
+5,-15,+5,+25	弱気相場からスタート	22.4	17.1	14.3

訳注）「強気」「弱気」は、1行目の「5％で一定」と比較して。下列に行くほど、変動が大きい
出所）ミレブスキー "The Trigonometry of Retirement Income," Research Magazine 2007年2月

が、**図6.2**のパターン。左端の列にある数字は、スタート、最初のピーク、戻って、反対側のピークのリターンになる)。

この表を見ればわかるとおり、たとえばリターンの幅が年率でプラス25%からマイナス15%といった、もっと変動の大きい資産クラスに投資した場合は、退職資産が持ちこたえる期間が17.1年から39.6年までとさらに幅が広がる(下の2つのケース)。

表6.1がもう1つ教えてくれるのは、引き出し率そのものの影響である。もし毎年8ドル引き出すのであれば、リターンの順序が良いケースと悪いケースで、退職資産が続く期間の差は21.3－18=3.3年になる(表の2、3行目にあるリスクの低い2つのケース)。引き出し額を6ドルにすると、この差は41.7－31.4=10.3年になる。最初は少し奇妙な感じがする。なぜ引き出し率の低い方が、リターンの順序効果の影響が大きいのか？　だがもちろん、これは比較の話である。もしたくさんお金を引き出せば(つまり8ドル)、毎年6ドルの引き出しに比べて、リターンの順序に関係なく退職資産の持続期間は短くなる。だから、引き出す額が小さくなればなるほど、良いケースと悪いケースの差は大きくなるわけだ。マーケット変動が大きくなるにつれて、この影響も大きくなる。引き出し額が小さければ持続可能性をいくらか改善できるが、だからと言ってリターンの順序が悪い方から始まる場合のリスクを免れるわけではない。

リターンが完全な周期性を持つ仮想的なシナリオに納得できない人に対しては、**図6.3**と**図6.4**でもっと現実的な、あるいは実世界の条件に近い例を示す。**図6.3**には、架空のファンドAとBをそれぞれ買い持ちした場合の結果を表している。いずれも最初の金額は10万ドルで、平均リターンは

10.4%、標準偏差は14.6%である。途中で引き出しや買い増しがない場合、20年後の金額はいずれも65万8000ドルになる。もう一度言うが、この場合、リターンの順序はまったく関係ない。

ここまで来れば予想がつくだろうが、買ったまま保有し続けるのではなく、この資金源から年金を作ろうとすると、結果はまったく違うものになる。先のシナリオを少し変えて、年末に7000ドルずつを引き出すと想定してみよう。図6.4を見ればわかるように、ファンドAは2005年まで持たずにお金が尽きてしまう一方、ファンドBはもとの資産額10万ド

図6.3 まったく違う道筋、まったく同じ結果

(年)	ファンドA	金額	ファンドB	金額
1990	−18.39%	100,000ドル	17.56%	100,000ドル
1991	−4.59%		8.72%	
1992	−19.14%		−3.35%	
1993	18.47%		20.08%	
1994	14.30%		19.62%	
1995	6.79%		−13.64%	
1996	14.59%		17.68%	
1997	−15.40%		11.11%	
1998	8.95%		16.39%	
1999	16.57%		−9.11%	
2000	33.60%		−9.76%	
2001	16.21%		12.62%	
2002	19.52%		−16.38%	
2003	20.72%		7.72%	
2004	21.03%		36.73%	
2005	−1.61%		27.59%	
2006	21.22%		12.80%	
2007	13.92%		20.75%	
2008	5.26%		14.99%	
2009	19.61%		28.95%	
2010	26.57%	658,000ドル	−3.74%	658,000ドル
算術平均	10.4%		10.4%	
標準偏差	14.6%		14.6%	

出所）ミレブスキーとIFIDセンター、2012年

図6.4 なぜ違うのか？ 引き出しの影響

(年)	ファンドA	金額	ファンドB	金額
1985	−18.39%	74,606ドル	17.56%	110,559ドル
1986	−4.59%	64,183ドル	8.72%	113,202ドル
1987	−19.14%	44,898ドル	−3.35%	102,406ドル
1988	18.47%	46,189ドル	20.08%	115,966ドル
1989	14.30%	45,796ドル	19.62%	131,714ドル
1990	6.79%	41,905ドル	−13.64%	106,743ドル
1991	14.59%	41,020ドル	17.68%	118,612ドル
1992	−15.40%	27,705ドル	11.11%	124,794ドル
1993	8.95%	23,184ドル	16.39%	138,246ドル
1994	16.57%	20,026ドル	−9.11%	118,654ドル
1995	33.60%	19,754ドル	−9.76%	100,069ドル
1996	16.21%	15,955ドル	12.62%	105,695ドル
1997	19.52%	12,070ドル	−16.38%	81,380ドル
1998	20.72%	7,571ドル	7.72%	80,659ドル
1999	21.03%	2,163ドル	36.73%	103,287ドル
2000	−1.61%	0ドル	27.59%	124,785ドル
2001	21.22%	0ドル	12.80%	133,757ドル
2002	13.92%	0ドル	20.75%	154,516ドル
2003	5.26%	0ドル	14.99%	170,683ドル
2004	19.61%	0ドル	28.95%	213,099ドル
2005	26.57%	0ドル	−3.74%	198,139ドル
算術平均	10.4%		10.4%	
標準偏差	14.6%		14.6%	

出所）ミレブスキーとIFIDセンター、2012年

ルより増えている。試算に使った年率リターンを細かく見ると、前と同じ犯人が見つかる。リタイアの危険領域で、ファンドBが非常に良いパフォーマンスだったのに対し、ファンドAのパフォーマンスが悪かったことである。結論はこうなる。買い持ちで資産を増やそうとしているなら、リタイアに向けての資産形成が終わった後と比べて、リターンの順序リスクは問題ではない（あるいは、あったとしてもごくわずかだ）。

統計的な観点

　タイミングの悪い「飢饉[2]」が、リタイア後インカムの持続可能性に与える影響を正確に測るには、リタイア後のさまざまな時点で良いリターン、悪いリターンを経験した人を多く集めてどの人がうまく行ったかを見ればいい。だが我々はそういった贅沢なデータを持ち合わせていないので、ベビーブーマー世代でどんな展開になるかは、まだしばらく先でないとわからない。

　現実に起きたことには及ばないが、次善の策として強力なコンピューターを駆使した綿密な調査がある。これには私もすでに取り組んでおり、IFIDセンター前研究員であるアンナ・アバイモワと共同で、リタイア後の経済状況に関する何千もの計算上のパターン（サンプル・パス[3]）を生成した。ここでは、第8章「リスクある世界でリタイア後を過ごす」で詳しく紹介するモンテカルロ法を使い、インフレ、投資リターン、健康、そして長生きに関してさまざまな試算を行っている。作成したいくつかのパターンの中には、シミュレーション上の「リタイアした人」が、自分の退職口座にたくさんお金があるにもかかわらず（コンピューターのプログラムによって）殺されてしまったものもある。また別のケースではお金が尽きて、支出を続けるために他の資産（家、子供、生活保護）に手を付けざるを得なくなった。この分析結果は**表6.2**に示してある。

　第3章「時間と場所の分散」では、2つの要因が同じ方向、または逆の方向に動く度合いを相関係数で測るやり方を紹介した。**表6.2**を見ると、すべての要因で資金の持続可能性と

の相関係数がマイナスになっている。ご想像のとおり、リタイア後のどの時点でも、平均より悪いリターンになればインカムの持続可能性は期待より低くなる[4]。同じことが長生きにも当てはまる。長生きすれば、より多く支出し、高いインフレ率も経験する。これらはすべてリスク要因であり、マイナスの影響を及ぼすから、あなたのリタイア生活の持続可能性を下げる要因と考えるべきだ。

たとえば、「最初の7年」の相関係数はマイナス56.3%だが、次の7年はマイナス27.5%と数字が小さくなることに着目してほしい。

最初の7年間（65歳から72歳）のリターンが良くない場合は、およそ56%のケースで必要なインカムが続かなくなり、リタイアした人は生活水準を下げなければならなかった。ところが、次の7年間（73歳の誕生日から79歳の誕生日まで）の場合は、リターンの悪さが持続可能性に及ぼす影響は低下し、必要なインカムが続かなかったのは27%だっ

表6.2 リタイア後インカムに対する「リスク要因」の影響
65歳の人の持続可能性（資産配分は100%株式）

リスク要因 期待リターンよりパフォーマンスが悪い期間	リスク要因と持続可能性の相関
最初の7年	−56.3%
次の7年	−27.5%
3回目の7年	−11.0%
4回目の7年	−2.4%
5回目の7年	−1.2%
高い長生きリスク	−53.9%
高いインフレ率	−5.8%

シミュレーションの前提）中間的な消費支出率＝9.85%；株式：期待リターン11%、標準偏差18%；インフレ：期待インフレ率3%、標準偏差2%
出所）ミレブスキー "Feast or Famine First?," Research Magazine 2007年12月

たことになる。

　興味深いのは長生きリスクの影響である。このテーマは大切だから次の章で詳しく説明するが、さしあたってはざっくり、長生きしすぎて資産を使い果たしてしまうリスクと考えればよい。**表6.2**を見ると、長生きリスクの相関係数はマイナス53.9％で、これはマイナス56.3％である「最初の7年」の影響と同じくらい大きく、また重要である。要するに、もし誰かに「インカムの持続可能性に最も悪影響を及ぼすものは何なのだろう？　寿命を短く見積もってしまうことか、それともリタイア後数年の相場が良くないことか？」と尋ねられたら、両方ともほぼ同じくらい影響が大きいと答えればいいわけだ。両方とも十分気をつけないといけない。

　こうした事実から導き出されるもう1つの結論は、従来の投資ルールのいくつか——たとえば投資のボラティリティや（標準偏差で測られる）リスクが同じであればリターンが高い方を選ぶのが良いとする原則などは、今では当てはまらなくなっていることである。

　投資は平均リターンと標準偏差だけで順位づけできるというのは、現代ポートフォリオ理論と最新の投資マネジメントの基本となる原則の1つなのだ。これを表したものが**図6.5**で、投資フロンティアとも呼ばれるこの曲線の上の部分[5]は、標準偏差の値が大きくなればさらに高くなる。概して投資家は、もし2つの商品の統計に基づく変動性が同じであれば、リターンの低い方は買わないようにアドバイスされる。ところがリタイア後には、これがもう当てはまらなくなる。というのも、日々の変動を用いた従来のリスク測定方法では、前に説明した「リターンの順序リスク」を捉えることができないためである。

図6.5 どうして100ベーシスポイントをあきらめるのか？[6]

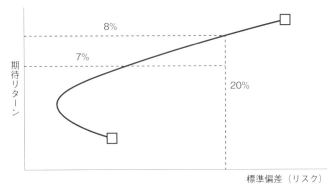

出所）ハリー・マーコウィッツの "Portfolio Selection," Journal of Finance , 1952, 7(1):77-91.による

いくらこうした回帰法の技術的側面を紹介しても頭が疲れるだけだろうが、ここで覚えておかなければならないのは、「リターンの順序リスク」の影響は現実のものであることだ。あなたはこの独特の危険――すなわち、豊作の前にやって来る7年間の飢饉のリスクから自分を守る必要がある。

プラシーボと蜃気楼

「リタイア後インカムに向けたポケット手法」と呼ばれる戦略を使えば、リターンの順序が良くない場合の壊滅的な打撃をいくらか和らげられると主張する評論家もいる。この戦略では、リタイア後数年間の支出分を安全な投資先に置き、残りについては弱気相場になっても手を付けないでいられるプランを立てる。そして、マーケットが下がったときはポートフォリオの債券部分からインカムを引き出して「株式に配

分した分が回復するまで待てば」、投げ売りをせずにすむ。一見良さそうに見える戦略だが、細かく吟味していくとぼろが出る。

　私は、こういった戦略はよくて錯覚、最悪の場合は大きな失望をもたらすものと考えている。もしあなたが不運な人で、最初のリターンの順序が悪い方に当たっても、「リタイア後インカムに向けたポケット手法」は、保証付きの緊急資金にはなってくれないのだ。この事実を納得してもらえるよう、論理学者が「反例」と呼ぶものを使って説明してみよう。

　公平な同一条件で比較するために、戦略以外の部分はまったく同じになるように話を組み立てたい。まずは、2人の架空の退職者、ステファニー・スウィップ氏とブレット・ポケット氏[7]に登場してもらおう。2人ともちょうど10万ドルの資産をもってリタイアし、そこから名目で毎月750ドル、年間で9000ドルを、できるだけ長い期間、引き出したいと考えている。ちなみにリターンが7%で固定の場合、この資金は21年間しか持たない。もちろん、こんな引き出し率は高すぎて、持続可能な支出率ではないから、私なら2人に対して、これほどたくさん引き出してもいいと勧めるようなことはしない。だが、私の目的はまっとうな引き出し率を提案することではなく、2つの戦略上の選択肢を評価することである。

　さて、ステファニー氏は10万ドル全部を投信に投資することにした。その投信は、内部で30%を無リスクのキャッシュに配分し、残りの70%を株式で分散投資している。ファンドマネージャーが定期的にリバランスしてこの配分を維持するため、ステファニー氏はどの時点でも株式/キャッシ

ュ比率が70/30の投信を持っていることになる。また、このバランス・ポートフォリオは手数料控除後の算術平均で年率7%のリターンをあげると仮定する。体系的引出サービス（SWiP）を使って、ステファニー氏は所望の750ドルに必要な分の投信を売却してキャッシュに換える（口数については、弱気相場の間はより多く売ることになり、強気相場の間は少なくてすむ）。

　ステファニー氏とは対照的に、ブレット氏はリタイア後インカムを生み出すために、いわゆる「ポケット」手法を採用した。彼は10万ドルのうち、3年分の支出を賄うための2万5400ドルをキャッシュにし、残りの7万4600ドルを期待リターンが年率8%の株式ポートフォリオに投資した。こちらのポケットには、3年間手を付けないつもりだ。

　こうした数値は、どれも慎重に選んだものだ。ブレット氏が2万5400ドルという額を取り置いたのは、このキャッシュには年率4.0%の固定利息が付くと仮定したからだ。毎月のキャッシュフロー750ドルを、この利率（月率で4%÷12=0.333%）で現在価値に割り戻したものの和が2万5400ドルになる。このキャッシュ用ポケットは、求めるキャッシュフローを生み出し、当初3年間の引き出しの間にマーケットが暴落しても、ブレット氏は株式に（含み損の状態で）手を付ける必要がない。

　リタイア時点のポートフォリオ全体で見ると、ステファニー氏もブレット氏も期待リターンは7%である。ステファニー氏は期待リターンが7%の投信を選び、ブレット氏は25.4%をリターン4%のキャッシュに、74.6%を期待リターン8%の株式に配分した。こちらも、全体の期待リターンは7%になる。

全体の資産配分を把握するのがとても大切なのは、この後の議論に直接影響を及ぼすからだ。キャッシュが4％、株式が8％、そしてバランス・ファンドが7％と仮定したリターンはいずれも、適当に決めたものではない。リタイア時点ではステファニー氏とブレット氏がまったく同じ配分でありながら、異なった戦略を取れるように選んだのだ。そうでなければ、比較は無意味になる。

　反例のために用意した最後の仮定は、少し作為的ではあるが、株式資産クラスは3通りのリターンが同じ確率で起こるというものである。つまり株式のリターンは、年率で8％、35％、ないしはマイナス19％のいずれかになる。これら3つの算術平均はちょうど8％になる。このサイクルを図6.6に示してある。こういう便利な三角形を前に見たことがある人もいるかもしれない。

　3通りのリターンからなるこの変数の標準偏差は、(1/3)×(0)^2+(1/3)×(0.27)^2+(1/3)×(0.27)^{2}の平方根で計算され[8]、およそ21.9％になる。

　ステファニー氏は、「(リターンの出方が)三角形の株式」に70％、キャッシュに30％配分する投信を持っている(そして前述の仮定にそのまま従っている)おかげで、そのリターンも27％か(良いケース)、マイナス13％か(悪いケース)、7％か(平均のケース)の3通りの可能性があり、いずれも同じ確率でそうなる。この投信の標準偏差は、(1/3)×(0)^2+(1/3)×(0.20)^2+(1/3)(0.20)^{2}の平方根で計算でき、16.3％になる。さらに、少し計算すれば、ブレット氏の資産全体の標準偏差も、(7万4600ドル÷10万ドル)×21.9％で16.3％になることがおわかりいただけるだろう。要するに、リタイア時点で両者はまったく同じ資産配分になっている

が、その後の3年間でインカムを生み出す戦略はまったく異なっているわけだ。表6.3は、ステファニー氏とブレット氏が得る可能性のあるリターンを示している。

さて、話は興味深いところへ差し掛かった。私が作成した反例によれば、リタイア後3年間に27通りの経済シナリオが考えられる。27通りとは、最初の年、2年目、3年目のリターンそれぞれ3通りを掛け合わせることで出た数字だ（訳注：場合の数なので、3×3×3になる）。表6.3に27通りのシナリオと、それぞれの場合の3年後のステファニー氏、ブレット氏の資産価値を載せてある。

たとえばリタイア後の最初の3年で、株式マーケットが続けて下がったとしよう（訳注：表6.3の2行目のケース）。この場合、ブレット氏が株式に投資した7万4600ドルは年率19％で3年間下がり続け、最終的に半分近くに減ってしまうことになる。表6.3で見ると、7万4600ドルは4万1996ドルまで縮小している。そのうえ、いうまでもなく彼のキャッシ

図6.6　誰が良い結果を残すのか？

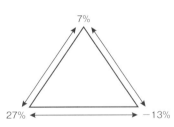
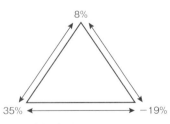

出所）ミレブスキー　"Spending Buckets and Financial Placebos," Research Magazine, 2007年6月

表6.3　勝つこともあれば、負けることもある。ブレット氏の「ポケット」と、ステファニー氏の「SWiP」

シナリオ	ステファニーの資産		ブレットの資産	
平均、平均、平均	{7%,7%,7%}	93,345ドル	{8%,8%,8%}	94,760ドル
悪い、悪い、悪い	{−13%,−13%,−13%}	45,105ドル	{−19%,−19%,−19%}	41,996ドル
良い、良い、良い	{27%,27%,27%}	181,854ドル	{35%,35%,35%}	210,002ドル
平均、平均、悪い	{7%,7%,−13%}	75,509ドル	{8%,8%,−19%}	72,247ドル
平均、悪い、平均	{7%,−13%,7%}	73,757ドル	{8%,−19%,8%}	72,247ドル
悪い、平均、平均	{−13%,7%,7%}	71,878ドル	{−19%,8%,8%}	72,247ドル
悪い、悪い、平均	{−13%,−13%,7%}	56,190ドル	{−19%,−19%,8%}	55,083ドル
悪い、平均、悪い	{−13%,7%,−13%}	57,942ドル	{−19%,8%,−19%}	55,083ドル
平均、悪い、悪い	{7%,−13%,−13%}	59,480ドル	{8%,−19%,−19%}	55,083ドル
平均、平均、良い	{7%,7%,27%}	114,813ドル	{8%,8%,35%}	123,545ドル
平均、良い、平均	{7%,27%,7%}	116,920ドル	{8%,35%,8%}	123,545ドル
良い、平均、平均	{27%,7%,7%}	119,180ドル	{35%,8%,8%}	123,545ドル
良い、良い、平均	{27%,27%,7%}	148,387ドル	{35%,35%,8%}	161,074ドル
良い、平均、良い	{27%,7%,27%}	146,280ドル	{35%,8%,35%}	161,074ドル
平均、良い、良い	{7%,27%,27%}	143,528ドル	{8%,35%,35%}	161,074ドル
悪い、悪い、良い	{−13%,−13%,27%}	69,559ドル	{−19%,−19%,35%}	71,815ドル
悪い、良い、悪い	{−13%,27%,−13%}	73,405ドル	{−19%,35%,−19%}	71,815ドル
良い、悪い、悪い	{27%,−13%,−13%}	76,780ドル	{35%,−19%,−19%}	71,815ドル
良い、良い、悪い	{27%,27%,−13%}	120,551ドル	{35%,35%,−19%}	122,806ドル
良い、悪い、良い	{27%,−13%,27%}	116,705ドル	{35%,−19%,35%}	122,806ドル
悪い、良い、良い	{−13%,27%,27%}	111,681ドル	{−19%,35%,35%}	122,806ドル
平均、悪い、良い	{7%,−13%,27%}	90,955ドル	{8%,−19%,35%}	94,193ドル
平均、良い、悪い	{7%,27%,−13%}	94,801ドル	{8%,35%,−19%}	94,193ドル
悪い、平均、良い	{−13%,7%,27%}	88,667ドル	{−19%,8%,35%}	94,193ドル
悪い、良い、平均	{−13%,27%,7%}	90,774ドル	{−19%,35%,8%}	94,193ドル
良い、平均、悪い	{27%,7%,−13%}	96,650ドル	{35%,8%,−19%}	94,193ドル
良い、悪い、平均	{27%,−13%,7%}	94,898ドル	{35%,−19%,8%}	94,193ドル

出所）ミレブスキー "Spending Buckets and Financial Placebos," Research Magazine, 2007年6月

ュ部分は使い果たされている。一方、ステファニー氏も同じマーケット変動を経験し、同じだけ支出している。彼女の分散投資（株式対キャッシュが70/30の投信）は、年に13％減

少した。それでも、3年後の彼女の体系的引出サービス（SWiP）口座の残高は4万5105ドルで、とても良いとは言えないが、ブレット氏を上回っている。

これはもちろん、27通りの1つのシナリオにすぎない。それでも、これが最も本質を浮き彫りにするケースと言っていい。この結果が示しているのは以下のことである。ステファニー氏もブレット氏も同じ資産配分で始めたのに、3年後には同じでなくなっている。なぜかと言えば、ブレット氏はキャッシュを使ったために、3年後には株式が100%になっているが、ステファニー氏は70/30のバランス・ポートフォリオを持ち続けているからだ。第3章で分散投資について述べたとおり、株式に100%投資するのは、市場が上がっているときには良いが、下がり出すと大変なことになる。だから、資産配分全体を考えれば、リターンの順序が良くないときに身を守れなかったことになる。

一方で、この表はブレット氏に明るいニュースももたらしてくれている。もし3年連続でマーケットが大きく（35%）上昇したら、ステファニー氏の資産が18万1854ドルに留まるのに対し、ブレット氏の資産は21万ドル超になる（訳注：**表6.3**の3行目）。3万ドル近い差は大変なもので、ポケット戦略の正当性を示しているようにも見える。だが、こういう結果になったのは、リタイア生活が進む間に、ブレット氏の資産配分が自動的に積極的な（株式を主体とした）資産配分に変わっていったからである。彼の支出はすべてキャッシュから引き出しているので、株式に一方的に偏るリバランスが行われたわけだ。

表6.3の27通りのシナリオのうち、16パターンでブレット氏の方が良く、11パターンでステファニー氏の方が良かった。

そう、ブレット氏が良い結果を収める機会が60％で、ステファニー氏が良くなるのが40％だったわけだ。確率はブレット氏の方が良かったのだが、かといって、それが好ましくないリターンの順序を回避する保証付きの方法というわけではない。ここで最も大切なのは、最初の2、3年でマーケットが下落するシナリオのほとんど全部で、ブレット氏よりステファニー氏の方が良い結果になっていることに目を向けることだ。つまり、ブレット氏は長引く弱気相場からは保護されていないことになる。

この仮想的で単純な例に対して、現実社会でできることは無いだろうか？　もちろん、もしステファニー、ブレット両氏がもう少し支出を抑える判断をすれば、（その他は変わらなくても）明らかにリターンの順序リスクの危険を減らすことができる。極端に言えば、市場下落時に両者ともお金を引き出さなければ、その後のリターンの順序リスクに対して免疫がつくことになる。

要するに、いわゆる「ポケット戦略」をリタイア後インカム・プランニングに採用すると、気づかないうちに株式の比率が高まり、予期せぬ変動を招いてしまう可能性がある。さらに言えば、もしリタイア直後のリターンの順序が芳しくなく、キャッシュを全部使い切ってしまえば、リタイアしてさほど時間が経たずに、意図せず株式比率が100％になってしまい、弱気相場にはまってしまう危険もある。これは、ポケット戦略を使わないでずっと同じ資産配分を維持することで、ずっと同じリスク水準を維持するのとは対照的である。もちろん、あなたが株式に手を付けざるを得なくなる前にマーケットは回復するかもしれない。だが、回復しないこともあるのだ。

どちらにしろ、ここで詳しく述べたポケット戦略は、リターンの順序リスクに対して、あなたの金融資産をヘッジしてくれない。ポケット戦略が安全というのは幻想でしかない。

人的資本については、リターンの順序に関する純粋な分析結果だけでなく、強気相場の前に弱気相場が来ようが逆であろうが、あまり大きな違いはない理由がほかにもある。人的資本についてのもともとの考え方に立ち戻れば、それがわかる。あなたは望まないかもしれないが、株式市場、またはあなたの401（k）やリタイア前からの投資がひどく悪い方に向かった場合、あなたはリタイアを遅らせて、もう1、2年働くことができる。むろん我々の多くは、55歳か60歳でリタイアして仕事から解放されたいと思っている。たとえそうでも、人的資本をもうひと絞りして、金融資産に換えることがまだできるのである。そうすることが、我々にもう少し投資リスクを取る余地を与え、やがて来る変動にある程度耐えられるようにしてくれる。これはリタイア後インカムの段階に入ったらできないことだ。一旦退職してしまうと、もう働くという選択肢を持つことはできないのである。

リタイア後インカムを準備する責任が、企業や政府から個人に移ると、人はライフサイクル全体にわたる人的資本の管理をより慎重に考えなければならなくなる。人生の早い時期であれば、リターンの順序リスクに対して自分で自分に保険を掛ける（実際に保険を掛けなくても、そのときの状況にうまく適合して生きる）ことができる。

最後に、私見ではあるが、人的資本を使い切ったリタイア後の人が最も大きな影響を受ける、この目新しい特異なリスクから身を守る最も単純で容易な方法は、第9章「個人年金」で紹介するいくつかの商品を契約することだと思う。今のと

ころは、人は「平均」というものにひどくだまされやすいということだけ覚えておいてほしい。

まとめ

* 資産形成や長期的な投資を行っているときは、投資リターンの順序はさほど問題にならない。リターン10%が15%の前に来ようが後に来ようが、お金は同じだけ増える。
* だが、お金を引き出す場合は、状況はそう単純ではなくなる。平均リターンがプラスだとしても、リタイア早々にお金が足りなくなる場合もある。リタイアの時期によっては、たとえ平均リターンが同じであっても、リタイア生活がまったく違うものになることもある。
* 長い時間をかけて正しい平均リターンに達するのでは十分ではない。これが、年金やそれに似た所得の流れを生み出す商品が、健全なリタイア後インカムを得るためのポートフォリオの重要な構成要素となるもう1つの理由である。
* リターンの順序リスクは、リタイアした人に最も大きな影響を与える。それは、彼らは定期的にポートフォリオからキャッシュを引き出しており、損失から守ってくれる人的資本に乏しいためである。その結果、リタイアした人は金融資産の変化に弱い。
* 金融危機で特に大きな痛手を負ったリタイア間近の人は、将来の「リターンの順序リスク」から守ってくれるポートフォリオを作るためにリタイア時期を遅らせることを考えるのが賢明である。

章末注

　リタイア後インカムのプランニングで用いる数学は非常に複雑になりがちである。深く知りたい読者には、Milevsky（2006）の"Calculus of Retirement Income（未邦訳）"をお勧めする。

1 訳注：その後も堅調に推移し、翻訳時点（2017年末ごろ）では2,600ポイントを超えている
2 訳注：冒頭の話に掛けて
3 訳注：ここでは、将来の資産がどのように推移するか、その経路を計算で求めたもの
4 訳注：表6.2の上5行がリターンとの関係を表している。いずれの期間でも、リターンが期待したものより低ければ、持続可能性が低くなる
5 訳注：リスクの低いところ（例えば、下の□）では、縦方向に曲線が2重になっている。このうちの上側という意味
6 訳注：例えば標準偏差20%なら、期待リターン7%で妥協するのではなく、もう100ベーシスポイント上の8%を期待できるのではということ
7 訳注：2人の姓は、それぞれが取る戦略の名前から来ている。スウィップは、SWiP（体系的引出サービス）から、ポケットは資産を分けるポケット戦略からである。
8 訳注：偏差の2乗和の平均に対する平方根で計算するので、各リターンから平均リターンを引くことで、0と0.27が算出される（8-8、35-8、-19-8。最後は-0.27だが、2乗するとプラスになるため符号は省略されているようだ）

[日本の読者への補足説明]

　4章までは働いて資産形成する際の話が中心でしたが、5章からリタイアに特有のリスクが取り上げられています。「個人のインフレ」に続いて6章では「リターンの順序リスク」が取り上げられています。投資に関する一般的な資料では、マーケットや当該商品の特性を表すために「リスク」「リターン」の2つの値が良く使われますが、これらは図6.1で説明されているように、資金の流出入が無い場合を想定したものです。ですので、ファンドマネージャーの評価には使えますが、リタイア後の引き出しを考える際には十分ではありません。本章でもモンテカルロ・シミュレーションやリタ

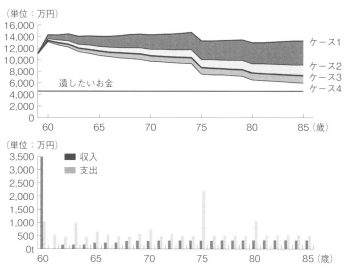

モンテカルロ・シミュレーションを使ったライフプランニングの例

※各ケースは、将来の各時点で試算した金融資産残高が、次の確率で達成できる水準です
　ケース1　約10％、ケース2　約50％、ケース3　約75％、ケース4　約90％
出所）野村證券

ーンの三角形を使って起こりそうな場合を想定した試算を行っていますが、実際のライフプランニングでも、資金の出入りを踏まえた試算を行い、リターンの順序リスクを把握する必要があります。

　この図の例のように、モンテカルロ・シミュレーションを使えば、リターンが良かった場合、悪かった場合で資産がどう推移していくか、大まかに把握することができます。同じポートフォリオを保有しても、長期間では大きな差が出ることもあります。逆にこういった感覚を正しく持つことで、長期の運用に向き合うこともできるようになるでしょう。

Chapter 7: Longevity Is a Blessing and a Risk

第7章
長生きは喜ぶべきことで あると同時に、 リスクでもある

思い込み7:「国立健康統計センター (NCHS) によると、米国民の平均寿命は約80年なので、リタイア後15年間のプランを立てればいいな」

平均寿命[1]の値は紛れもない真実だ。20世紀が終わった時点で、米国民の平均寿命が男性73.6年、女性79.2年と過去最高を記録したという記事をしばしば目にする。米国社会保障庁（SSA）の統計によれば、この数字は堅調に伸びている。1950年代には、男女の平均寿命はそれぞれ65.6年と71.1年だった。それでも、長いリタイア生活を支えるお金のことをどうしてこんなに大騒ぎするのか、不思議に思う人もいるだろう。確かに、50年前と比べれば健康で長生きするようになった。だからと言って、平均10年から15年分のインカムを生み出すだけの資産を働いている間に貯めるのが、それほど重荷になるだろうか？

　むろん金融の専門家なら、健康で資産もある顧客に平均寿命の数値が当てはまらないことは知っているはずだ。細かく言えば、この数値は生まれたばかりの子供に適用されるもので、リタイアする人を対象とはしておらず、今後死亡率が下がる可能性も織り込んでいない。数値はあくまで現在の死亡率と生存率に基づくものである。

　もしあなたが75歳なら、あなたの平均寿命（今の年齢＋平均余命）は0歳の人よりも長いはずである。同じSSAの統計データを使えば、75歳の人は平均で、男性なら84.6歳、女性なら86.9歳まで生きることになる。最初に紹介した73.6年や79.2年という値は0歳児にだけ適用される。あなたが年を取り、乳幼児期の死亡、10代の事故、出産年齢期などの危険を乗り越えるに従い、あなたの平均寿命は伸びていく。

　ところが、金融サービス（あるいは医療関係）が専門ではない人と話すと、平均寿命の本当の意味について誰もよく分かっていないことに気づく。こうした誤解は、貯蓄不足やリタイア後インカムのニーズの過小見積もりを生む行動につな

がる。本章では、長生きと、あなたの金融資産が支え続けなければならない本当の期間に関する思い違いをいくつか深く掘り下げてみる。

平均寿命には意味がない[2]

まずは、平均寿命はそうした考え方を説明するのに最適な方法でないことから検討しよう。平均は人をだますことがあるのだ。そう言えば、こんなばかばかしいジョークがある。統計学者が、片手をやけどするほどの熱湯につけ、もう一方の手を氷水に入れてこう言ったそうだ。「うん、いい湯加減だ。平均では」

長生きリスクと不確実性を考えるには、表7.1のような保険数理の確率表を用いるやり方が良い。

表7.1によると、たとえばあなたが65歳の男性なら、「中程度」の死亡率を想定すると、85歳まで生きる確率は45%以上になる。もし65歳でリタイアするのであれば、20年以

表7.1　65歳の人の生存確率

目標年齢	女性	男性	男女のカップルでどちらか一方は生存している確率
70	93.9%	92.2%	99.5%
75	85.0%	81.3%	97.2%
80	72.3%	65.9%	90.6%
85	55.8%	45.5%	75.9%
90	34.8%	23.7%	50.3%
95	15.6%	7.7%	22.1%
100	5.0%	1.4%	6.3%

「中程度」の死亡率を想定
出所）米国アクチュアリー会 "RP-2000 Mortality Tables" をもとに、IFIDセンターで計算

上のインカムが必要なのは明らかである。同じく65歳の男性が90歳まで生きる確率は24%ほどであり、この場合は25年分のインカムが必要になる。この数値は女性の方が大きくなる。65歳の女性は、35%程度の確率で90歳まで生きる。この数値を男性の確率24%と比べれば、女性の長生きの影響の大きさがわかるはずだ。要するに、あなたがもし65歳の男性の集団にいたとすれば、その中で90歳まで生き残っているのは1/4弱ということになる。もちろん、その「幸運な1/4」が誰なのか、我々には前もってはわかっていない。そこで慎重を期すために、全員が25年間のリタイア後インカムに備えるプランを立てることになる。男女のカップルのうち、一人でも90歳まで生き残る確率は50%に跳ね上がる。

図7.1 リタイア後の女性の長生きについての別の見方

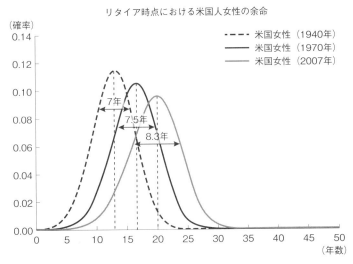

出所)「Human Mortality Database」カリフォルニア大学バークレー校（米）およびマックス・プランク研究所（独）より、Minjie Zhangが計算, 2012

長生きリスクを考えるもう1つの方法は、より悲観的な形でリスクを解釈することである。実際、前の表を見ると、65歳の男性が70歳になれない確率は約8％ある。この確率は、100％から表にある92.2％を引いたものである。ところが、表でわかるとおり、95歳まで生きる確率もほぼ同じになる。一方は5年も生きられず、もう一方は30年も生きる。それが同じ確率で起こる。これが長生きリスクである。

　図7.1と図7.2は、長生きリスクと寿命の不確実さを別の見方で表したものである。男女それぞれがリタイア後に何年生きられるか、その確率がグラフになっている。この図から面白いことがわかる。1つは、1940年から2007年までに、リタイア後の平均生存期間は堅調に伸びていることだ。これ

図7.2 リタイア後の男性の長生きについての別の見方

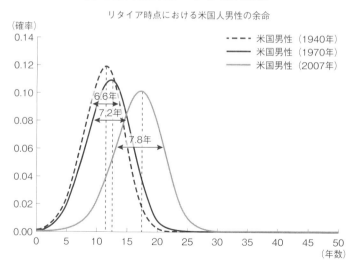

出所)「Human Mortality Database」カリフォルニア大学バークレー校（米）およびマックス・プランク研究所（独）より、Minjie Zhangが計算, 2012

は、曲線全体が右にシフトしていることから明らかである。たとえば1940年には、女性はリタイア後に平均13年生きていたが、2007年にはこれが20年まで伸びている。

　もう1つは、年代が進むにつれて、曲線が幅広になっていることだ。数学的には、リタイア後の生存期間の標準偏差が大きくなったことになる。たとえば1940年には標準偏差が7年だが、2007年には8.3年に広がっている。つまり、どれくらい生きられるかがさらに不確実になったわけだ。短ければ5年だし、長ければ35年にもなる。

　ここで注目すべき点は、寿命はますます伸びているが、不確実性も増していることである。このことが、リタイアに向けたプランニングを、前の世代のときより難しくしている。リタイアしてから死ぬまで退職資産が残っているか、どうやって確認すればいいだろうか？　支出のために毎年どれくらい引き出すべきか？　長生きの不確実性に対して、どう備えればいいのか？　本書ではこの後、こうしたテーマに取り組んでいく。

　改めてここで、予定死亡率や保険数理表は数多く存在することを強調しておきたい。例を挙げれば、米国社会保障庁（SSA）は給付金の計算や、将来の赤字や負債を見積もるために、さまざまな表を利用している。これは、健康で長生きするだろう年金受給者の集合体だけでなく、全国民を対象としているためである。これとは反対に、あなたがもし即時年金（これについては第9章「個人年金」で論ずる）を買いたいと思っているなら、生命保険会社の保険数理士はまったく別の表を使うことになる。年金表は、あなたがどれくらい長生きしそうか、その結果残りの人生に対してどれだけの支払いを求められるかを考える際には、生存率をより高く仮定し

ている。これは第2章「生命保険は人的資本をヘッジする」でも触れた「保険市場の逆選択」の年金版である。実際、保険数理表はたくさんありすぎて、「まったく雪の結晶みたいで、どれ1つとして同じものがない」という冗談があるほどだ。

人は長生きのオッズを過小評価しているか

　寿命を伸ばす可能性のある要因については継続的に研究されており、第2章に簡単に紹介したデータに加えて、人口統計学者や生物学者、老年学者などから興味深い発見が報告されている。寿命を伸ばすというテーマは、現在も将来も研究対象であり続けることだろう。米国アクチュアリー会（www.soa.org）による最近の研究によると、次の12の要因が、リタイア後の死亡率に直接あるいは間接的に影響している。

　　＊年齢　　　　　　＊婚姻状況
　　＊性別　　　　　　＊宗教
　　＊人種・民族　　　＊健康に関わる行動
　　＊教育　　　　　　＊喫煙
　　＊収入　　　　　　＊アルコール摂取量
　　＊職業　　　　　　＊肥満

　別の言い方では、これらの要因を1つでも知っていると、リタイア後の死亡率を予測したり、正しく見積もったりする助けになる。場合によっては、影響が倍加する要因もある。
　このリストから1つだけ紹介すると、ドイツのマックス・プランク研究所が死亡実績数に関する巨大なデータベースを使って最近確認したところでは、男性は一般的に女性ほど長

生きしないが、興味深いことに結婚している男性は独身の男性より長生きする傾向がある。ところがおかしなことに、結婚が女性を長生きさせることはないという。むしろ女性の場合、死別や離婚、未婚が死亡率を下げる要因になっている。この発見については、**表7.2**にまとめてある。とても物議を醸した発見ではあるが、どことなく愉快な感じもする。どうして結婚は、女性より男性の長生きに「良いもの」なのか？ この研究は別の人口統計上の集団にも広く当てはまるのか？ 研究はまだ続いている。

同様に、**表7.3**は70歳時点での平均寿命が所得水準と関係していることを示している。所得水準で上位20％に入るか、下位20％に入るかで、健康な男性でも女性でも平均寿命が3年違ってくる。お金がある方が健康なのだ。

表7.2 何がリタイア後の死亡率を下げるか？（意外な要因）

性別問わず	両親が75歳以上まで生きている リタイア後、気持ちが前向き
男性のみ	結婚している
女性のみ	未婚か、死別・離婚している

出所）Rasmus Hoffmann, "Do Socioeconomic Mortality Differences Decrease with Rising Age?"、マックス・プランク人口研究所、2005年

表7.3 健康とお金：70歳時点での平均寿命

所得水準（百分位）	健康な男性	健康な女性
20％値（100人中、下から20番目）	78.2年	83.3年
40％値	79.1年	84.8年
60％値	80.1年	85.9年
80％値（100人中、上から20番目）	81.2年	87.0年

出所）シカゴ連銀 "Differential Mortality, Uncertain Medical Expenses, and the Saving of Elderly Singles (WP 2005-13)" (De Nardi, French, and Jones).

第2章の生命保険のところで強調したように、これらの要因と正しい因果関係の間にある統計的な関係を誤解しないでほしい。何がこの関係を作り出しているのか、他の要因がお金と長生き、あるいは婚姻状況と長生きの関係に影響を与えているのかどうか、正確にはわかっていない。我々が確実に言えるのは、こういった特徴を持つ人々の死亡率が低いということだけである。実務的な観点から言い換えると、もしあなたが死亡率が低いと特定されたグループに入っているなら、全人口の平均的な人よりはるかに長いリタイア生活を想定したプランを立てるべきであろう。

　ステータスでさえ、平均寿命の伸びに繋がっている。**表7.4**は、賞の候補になった場合と、実際に受賞した場合の違いが平均寿命に与える影響を分析した結果である。受賞するかどうかで、大きい場合は4年もの開きが出ている。

　グループによって長生きの推計に大きな差異があるだけでなく、どんなグループであれ、10年後、20年後に数値がどう変わるかを予測することは現実的に不可能である。どこかの医薬品会社が癌や心臓病をあらかた治してしまう薬を発見するかもしれない。そうなれば、寿命は5年から10年伸びるだろうか？　あるいは、成人の肥満の蔓延が公衆衛生をむしばみ続けることで、長生きの確率を低めてしまうだろうか？

表7.4　ステータスによる長生き

伸びる年数	対照群
3.9	アカデミー賞獲得 vs 候補になる
1.4	ノーベル賞(科学部門)獲得 vs 候補になる
2.8	ノーベル化学賞獲得 vs 候補になる

出所）D. Redelmeier and S.M. Singh, Annals of Internal Medicine, 134(10):955; M.D. Rablen and A.J. Oswald, Warwick Economic Research Papers, January 2007.

何度も言うが、専門家でもこうした疑問に正確に答えることはできない。これが、統合長生きリスクと呼ばれるもののもう1つの側面である。

こうした数値を見て、心に留めておくべきポイントは何だろう？ 最も重要なのは、加齢とともに、「どこまで生きるか」という年齢がどんどん先に進んでしまうことである。**表7.5**は米国社会保障庁の表を使って、このことをもう一度要約したものである。メディアが取り上げたり引用したりしている数値に惑わされたり、誤解したりしてはいけない。ポイントの2番目は、長生きリスクの考え方を理解する必要があるということだ。数字より図の方が好きな人に向けて、**図7.3**でこのリスクを示しておく。リタイア後に10年から20年生きる可能性が60〜80%ある一方で、90歳や100歳になってしまう可能性も10〜20%ある。これは確率の問題であり、それがリスクになる。その正反対のリスクは早すぎる死で、これに対しては何らかの保険やリスク管理戦略を使ってヘッジしておかなければならないことを思い出してほしい。

要は、まだ若いうちは、死亡率に対しては「ロング（買い）」のポジションを取るべきである。これは、もしあなたの死亡率が予期せず跳ね上がったら（死んでしまったら）利益を生む保険を契約せよという意味である。もしあなたが高齢であれば、逆のヘッジを行い、死亡率に対して「ショート

表7.5　寿命を追いかけろ

	0歳	75歳
男性	73.6年	84.6年
女性	79.2年	86.9年

出所）"Life Tables for the United States Social Security Area 1900-2100 (Actuarial Study No. 116)" 米国社会保障庁

（売り）」ポジションを持つべきである。もし何かが起こってあなたの死亡率が下がり、長生きしてしまったら、あなたは自分の退職資産だけでは残りの人生に十分なインカムを提供できなくなるリスクに直面する。高齢期に死亡率をショートするということは、ある種の長寿保険を買うことと等しく、これについては第9章で改めて説明する。

どれくらい生きるかわからない不確実性は、平均寿命の伸びとも相まって、リタイアメント・プランニングをますます難しくしている。家計の破綻から身を守る方法の1つは、自分の人的資本をできるだけ多く金融資産に換えておくことである。この原則を例えるとこういうことになる。もしあなたが健康な65歳の男性で、結婚しており、両親はともに75歳より長生きしたとすると、前述のとおり、あなたの死亡率は

図7.3　加齢に伴って曲線を下る

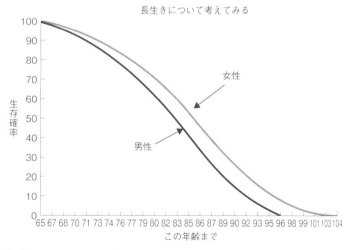

出所）米国アクチュアリー会 "RP-2000 Mortality Tables" をもとに、IFIDセンターで計算

第7章　長生きは喜ぶべきことであると同時に、リスクでもある　　201

低くなる。リタイア後の人生は長くなるだろうから、リタイア後にもう数年働いて人的資本を金融資産に変えるのが賢明な策である。

リタイア後は、人的資本の価値は（あったとしても）とても小さくなる。あなた個人のバランスシートの大半は、リタイア後のあなたを支えなければならない金融資産が占めることになる。できるだけ金融資産を蓄積しておくことで、長生きの危機を乗り切ることができる。

同時に、長生きリスク管理戦略も必要になる。リタイア後が30年から40年あると想定してプランを立てる必要がある。**表7.6**にあるように、100歳以上の米国人は7万2000人を超えている[3]。米国国勢調査局は、2050年までに100歳以上の人が60万人以上になると見積もっている。あなたはそのうちの一人だろうか？　将来、そのうちの一人に入りそうか？

人は得てして、経済繁栄期には長生きし、景気後退期には早死にすると思い込む。その逆が正しいことを知ったら、あなたは驚くだろう。ノースカロライナ大学の研究によると、米国の失業率が1％悪化すると、死亡率は0.5％下がる。ミシガン大学が行った別の研究でも、20世紀の景気後退期のほぼすべてで、その後平均寿命が急上昇した。たとえば米国の平均寿命は、1930年代の大恐慌後に6年以上伸びている。

なぜそうなるのだろう？　理由の1つは、力強い経済成長

表7.6　長生きの国

	米国人の数
90歳以上	2,000,000
100歳以上	72,000

出所）米国国勢調査局　2010年

期には、従業員は忙しく働き、長時間働くようプレッシャーを受け、多くのストレスにさらされる。ストレスは喫煙、睡眠不足、飲酒、ファストフードで食事をすますといった不健康な行動に繋がりがちだ。景気後退期には反対のことが起こる。人々は懐具合から喫煙や飲酒といった悪い習慣をやめる。失業は時間の余裕を生み、運動や睡眠に時間を使えるようになる。

　ボストン大学退職研究センターが最近公表した研究で、寿命が伸びる別の理由が紹介されている。それによると、経済が繁栄すると、スキルが低く低賃金の医療従事者が介護施設以外でも仕事を見つけやすくなり、その結果、好景気の間は老人ホームで労働力不足が起こり、これが高齢者の介護サービスや平均寿命を下げるというのである。逆に、景気後退期には、労働力供給が増えて、スタッフの質を十分に維持できるので、高齢者の寿命が伸びる。

　最近の金融危機の多くは規模がとても大きいので、その後平均寿命が上がっているというデータが出てきても不思議ではない。米国疾病対策センターの予備データによると、2007年から2010年の間に平均寿命は0.8年伸びている。これは「良いこと」のように思えるが、憂鬱になる結果でもある。平均寿命が伸びると、リタイアした人やリタイア間近の人の多くは、予期せず長くなったリタイア期間を支えるには自分の退職資産が少なすぎることを思い知らされることになる。自分の健康要因や遺伝子などに比べれば、こうした経済要因はすべて合わせても死亡率や長生きに与える影響は大きくない。だが、2007〜09年の大不況の余波で長生きリスクが増大したことは覚えておく価値がある。これは次章のテーマであり、そこでは頑張ってリタイアメントプランを持続させる

第7章　長生きは喜ぶべきことであると同時に、リスクでもある　　203

可能性について説明したい。

まとめ

* 加齢とともに、「どこまで生きるか」という年齢も先に進んでしまう。新聞に載っている男性77年、女性80年という平均寿命は、0歳児にだけ適用できるものだ。健康で、裕福で、教育水準の高い人は死亡率が低く、長生きする傾向にある。
* 健康で、資産を持つ人がリタイア年齢に達したら、かなりの確率で90歳を超えて長生きするだろう。100歳に届く可能性も低くはなく、女性はさらにその可能性が高い。
* いつまで生きるか、リタイア後にいくら使うかを正確に知ることができないことを「長生きリスク」と呼ぶ。第1章「『自分』株式会社」で年金プランについて触れたときに証拠を挙げたとおり、多くの企業がこのリスクから一斉に逃亡を始めている。
* 個人の長生きはリスク管理の対象となる問題である。リタイア時点であなたのバランスシートに占める人的資本はほとんどなくなっており、自分の金融資産をリタイア後もずっと存続させる戦略を立てておかなければならない。

章末注

長寿予測に関して網羅的に取り扱っている優れた本として、Olshansky and Carnes（2001）が挙げられる。あるいは、米国アクチュアリー会のウェブサイト（www.soa.org）を見ると、死亡率や長寿推計に関する面白くて役に立つたくさんの論文がある。Stevens, Miller, Page, and Filipski（2012）によるThe Centre for Retirement Research at Boston Collegeの研究では、景

気後退期に平均寿命が伸びる詳細な理由が示されている。

1 訳注：原書では"life expectancy"を使っており、そのまま訳すと「平均寿命」になる。日本の平均余命が「あと何年生きるか」という年数で表されるのに対し、米国では「何歳まで生きるか」で表され、定義が異なる。このため、あえて「平均寿命」と訳してある
2 訳注："mean"には、「平均」と「意味」の２つの意味があり、原文では掛け言葉にしてある
3 訳注：この人数は、算出方法の統計的な誤りが見つかったため、当局によって本の執筆後に見直されている（著者より）。翻訳時点では、90歳以上の人数は約230万人、100歳以上は約５万3000人となっている

[日本の読者への補足説明]

　昔から人は不老長寿を求めてきました。「長生き」は人類の発展がもたらしたもので、日本では百歳以上の人数が、2017年時点で6万8000人弱になります（**表7.6**と同じ2010年であれば4万5000人弱、いずれも厚生労働省の百歳高齢者表彰に関する報道発表資料より）。一方で、長くなるリタイア後をいかに支えていくかという課題も出てきています。米国の記事などを見ると、「outlive ＝ ～を超えて生きる」という表現をよく目にします。資産より長生きしてしまうことを心配しているのです。では、どれくらい生きると考えてプランを立てるべきでしょうか？

　下は、**表7.1**と**図7.3**に相当する日本での統計データです。米国と同様に「寿命（何歳まで生きるか）」にはばらつきがあり、平均だけで見るのは誤解のもとになります。平均余命でさえ、このグラフの真ん中あたりでしかなく、その先が長い可能性がよく分かるでしょう。

　加えて、行動ファイナンス的にも、人間は自分の余命を短く見積もる傾向があるようです。例えば、Society of Actu-

65歳の人の生存確率（日本）

目標年齢	女性	男性	どちらか一方
70	97.3%	93.6%	99.8%
75	93.2%	84.4%	98.9%
80	86.1%	71.0%	96.0%
85	73.4%	51.7%	87.2%
90	52.9%	28.7%	66.4%
95	26.7%	10.2%	34.2%
100	7.3%	1.8%	9.0%

出所）厚生労働省「平成28年　簡易生命表」より野村證券作成

aries, "2011 Risks and Process of Retirement Survey," March 2012によると、自分の死亡時期を実際よりも早くに見積もった人は、遅くに見積もった人の3倍いたそうです。これは、親、叔父など故人を参照しがちなためだと言われています。日本では米国より寿命が長く、リタイアに向けた準備をより慎重に行う必要があります。この本の読者は、教育水準が高く、また裕福な方に入るでしょう。それならば、平均より長生きする可能性が高いと考えるべきです。さらに、遺伝的な影響、生活習慣もあるでしょう。日本でも「現代社会の階層化の機構理解と格差の制御：社会科学と健康科学の融合」（平成21〜25年、文部科学省）という研究も行われました。これらを踏まえたうえで、「資産寿命」を伸ばすために今一度プランを見直してみてはいかがでしょうか。

65歳の人の生存確率グラフ（日本）

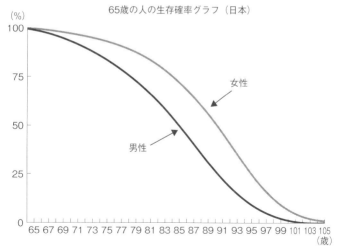

（出所）厚生労働省「平成28年　簡易生命表」より野村證券作成

Chapter 8: Spending Your Retirement in a Risky World

第8章
リスクある世界で
リタイア後を過ごす

思い込み8：「年を取ってリタイアが近づいてきて、運用で一儲け
　　　　　　する余裕もないので、債券でも買おうか」

米国はリタイア危機の真っただ中にある。2011年にギャラップ社が行った世論調査でもそれを裏付ける衝撃的な結果が出ている。「米国人の66％が、リタイアに向けて十分に資産を用意できていないことが家計上の一番の懸念であると述べている」というのだ。これは10年前の類似調査に比べて53％も高い。

　米国人がそう感じていたとしても意外ではない。金融危機で退職資産が大きく減り（第1章「『自分』株式会社」を参照のこと）、その結果、リタイアを遅らせる人が増えている。米国の従業員給付研究所（EBRI）のレポートによると、2010年には65歳～69歳の米国人の31.5％、70歳～74歳でも18％がまだ働いている。これは1990年と比べてそれぞれ21％、11％高い。事実、働いている65歳以上の人はこの20年間で倍になり、2010年には670万人に達している。

　こういった危機をかしこまった言葉で表すと、米国人は退職資産の持続可能性を懸念している、ということになる。彼らは自分の退職資産が、輝かしいリタイア生活を最後まで支えてくれるのに十分かどうか心配している。この章で紹介するのは、あなたのリタイアプランの持続可能性である。

　すでに紹介したが、リタイアに向けた投資プランニングの分野で最も広く引き合いに出される原則に、「『100マイナスあなたの年齢』を株式投資比率にする」がある。もしあなたが70歳なら、資産の30％だけを株式市場に投資し、80歳なら20％を投資することになる。最近では、このルールの上限を100から110、ものによっては115に上げたりしているが、考え方は同じであり、あなたの年齢が最も重要な決定要因になる。実は、本書ではかなりの時間と労力を費やして、この考え方をさまざまなレベルで払拭しようとしてきた。だが、

いまだ、リタイア時には、資産配分に対する年齢の影響が大きな議論になる。

この問題については意見が二分されている。一方は、リタイアした人は投資期間が短くなる可能性が高く、株式に多く配分したポートフォリオを持てばリタイア後早い時期での損失から回復できなくなるリスクを負うと主張している。それに対して、リタイアした人の資産を債券にシフトすれば、特に足元の歴史的な低金利下では今後の収入が少なくなり、生活水準を脅かしかねないというのがもう一方の主張である。

この章では、一般に「モンテカルロ法」と呼ばれる統計学の最新の成果からいくつかのアイディアやコンセプトを借用して、持続的なリタイア後インカムを生み出す問題への新たな見通しを示す。

ニーズ分析の実施

当然あなたは、こういう話を聞く前から、自分が生活水準を維持するのにどれくらいお金がかかるかを考えるに違いない。別の言い方をすれば、「ニーズ分析」を行うはずである。その際には、以下のような質問を自分にしてみるといい。リタイア後、どの程度の生活水準を維持していきたいか？　世界を旅したいか？　将来は自宅で過ごしたいか？　こうした質問に答えるのは、見かけほど簡単ではない。ライフスタイルの好みや市場環境という大切な推測を行う必要があるからだ。とはいえ肝心なのは、あなたがアドバイザーの助けを借りたりしながら、リタイア後の望ましい生活水準を維持するのに毎年どれくらいのお金が必要かを推定することである。理想的には、このニーズ分析は、リタイアするずっと前の、

人的資本を金融資産に換えている間に行うべきである。

目標は、希望する年間のインカム水準を割り出すことだ。働いている間に自分の人的資本から「採掘した」金融資産すべてで賄うことができる年間インカムを。これから必要なものがちゃんとわかっていなければ、それを賄うための適切な投資のことを話題にしても意味がない。

ニーズ分析が終わったら、第2ステージに進もう。ここでは、リタイア後の適切な資産配分をアドバイザーと相談する。

単純すぎるかもしれないが、議論の余地のないところから始めよう。もしあなたが65歳で、年間に使いたいと思う額の100倍もの流動資産を持っているなら、リタイア後にどんな投資をしようが、お金が足りなくなることはないだろう。もちろん、このカテゴリーに入る幸運な人はほとんどいない。だが、いたとすれば、そういう人は、リタイアの際に投資哲学を変える必要はないはずだ。

一方、同じように65歳で、流動資産を持っているとしても年間に使いたいと思う額の5倍しかないとすると、率直に言わせてもらえば、あなたは絶望的だ。投資も、ギャンブルも、この苦境から抜け出す方法にはならない。

このような両極端を除けば、希望する年間消費額を支える適切な資産配分という問題に移ることができる。要は、維持したい生活水準を前提としたとき、どんな資産配分が——あるいは株、債券、MMFなどの短期資産の組み合わせが——リタイア後にお金が尽きる確率を最小化するか、という問題である。

仮定の数値をいくつか見てみよう。あなたは65歳でちょうどリタイアしたところで、毎年必要な支出額のかなりの部

分をカバーできるまずまずの額の社会保障と企業年金を持っている。さらに、401（k）やIRA、403（b）などのプランに長年積み立てた20万ドルほどの退職資産を、現在は投信や定期預金その他に細かく分散して投資してある。幸運なことに住宅ローンはすでに返済を終え、他に大きな負債もない。

　ライフスタイル選択とリタイアメントプランを十分考慮してニーズ分析を行ったうえで、年金の他に毎年1万ドルが生涯必要であるという結論になった。これを「インカムギャップ」と呼ぶことにしよう。当然ながら、この追加費用を退職資産で支えることができるよう願っている。

　先に進む前に、「毎年1万ドル」が何を意味するか明確にしておきたい。この見積もりでは、あなたのニーズにかかる金額はリタイア後ずっと変わらないと仮定している。言い換えれば、商品・サービスのインフレ率は、この先30年間、0％を仮定していることになる。あまり現実的ではないが、了解していただきたい。実際には、1991年以降、インフレ率は年平均3％弱で推移している。だが、インフレ率が上がらないという保証はない。

　事実、経済史をひもとけば、物価インフレは突然に、しかも劇的に発生することがわかる。それにもちろん、第5章「個人のインフレとリタイア後の生活費」で論じたように、リタイア層のインフレ率見通しは、国民全体の一般的なインフレ率より高くなる可能性が高い。長期にわたる高齢者医療介護のコストを考えてみるとよい。

　ゆえに、（インフレの不確実性を前提に）長期のプランニングを行う際には、実質ベースの、インフレ調整後でニーズを並べ、予算を立てると良い。同時に、投資リターンも実質

ベースの、インフレ調整後で予想すべきである。説明しよう。

前に述べたように、この先ずっと現在の貨幣価値で毎年1万ドルを使いたいと思っているとしよう。実質ベースで言えば、65歳の年は1万ドル使い、66歳の年は1万ドルを最初の年のインフレ率で調整した額を、67歳の年は1年目と2年目のインフレ率で調整した額を使う。その後も同様に調整していく。この3年間のインフレ率がそれぞれ2％、3％、4％だったとすると、65歳の年は1万ドル、翌66歳の年には1万ドル×（1＋0.02）で1万200ドル、67歳の年には、1万ドル×（1＋0.02）×（1＋0.03）=1万506ドルを使うことになる。

投資したお金からの収益についても、支出と平仄(ひょうそく)を合わせ、リターンをインフレ調整ベースで扱う。

年金受給も同様に何らかの形のインフレ対応、あるいはインフレ連動になっているのが理想だ。インフレ連動は、消費者物価指数（CPI）やいずれかの投資ファンドのパフォーマンスにきちんと関連づけることで可能になる。

現実的な話をすると、年間に必要な1万ドル（月に833ドル）を受け取る最も簡単な方法は、毎月、適切な量の株式や債券、投信を売って必要なキャッシュフローを作ってくれる「体系的引出サービス（SWiP）」を設定することである。これは、ドル・コスト平均法を逆転させたようなものである。毎月決まった金額で買える分だけ買うのではなく、毎月決まった金額を受け取るために必要な分だけ売るのだ。そして、インフレで支出ニーズの金額が増えるのに合わせて引き出し額を増やしていく。

先に進む前に、ここでリタイアのための予算作りに関わるもう1つの嬉しくない要素——所得税に触れなければならな

い。おそらく、あなたが引き出す予定の年間1万ドルについては、所得税は考慮に入れていないだろう。もしそうなら、使おうと思っているその1万ドルは、実際には「税引き後」の額になる。つまり、税引き前の引き出し額はもっと高くなるはずである。税金繰り延べ口座から引き出す際には、所得に応じた税率区分で課税される。というのも、そのお金（の大部分）については、これまで実際に所得税を払っていないからである。もちろん、拠出時に税金を払い、投資収益に関しては引き出しまで課税が繰り延べされるロスIRAという制度もあるが、ここでは立ち入らない。

　要約すれば、もし生活のために1万ドルが必要で、あなたに適用される所得税率が37.5％だとすると、実際には退職資金から1万6000ドルを引き出さなければならなくなる。あなたが使えるのは、このうちの約2/3である（保守的な結果が出るよう、この支出には医療費のように所得税の控除がある費用は考えていない）。

　これから先10年、20年で税率区分がどうなるかは大きな問題だが、それは開けてはならないパンドラの箱であり、できるだけ触れないようにしたい。今日、最も高い税率区分は30％〜40％の範囲にある。だが、連邦や州の当局がこの税率を、特に課税口座からの引き出しについて上げることがないとは誰にも言えない。専門家の立場としては、15年後の所得税制がどうなっているかを予測するより、さまざまな資産クラスからの長期の期待リターンを予測する方がはるかに自信がある。すべての所得がほぼ同じ税率で課税されるフラットな税制に向かうかもしれないし、累進課税が強化され、税率区分の最上位が今の30％〜40％より高くなるかもしれない。残念ながら、これはフィナンシャル・プランニングの

方程式において最大の謎の1つなのである。いずれにしろ、我々は今のルールに沿って人生ゲームをやらなければならないし、現在の税制に基づいてプランを立てるしかない。

今の時点では、自分のニーズを正しく理解し、そのニーズは税引き前ベースで見積もるべきである。これまで使ってきた例では、あなたは20万ドルを税制優遇口座に持っていて、インフレ調整後、税引き前ベースで毎年1万6000ドルを引き出す必要が出てくる。

そうなると、ざっくり言えばあなたの「ニーズ・資産比率」は16000÷200000で8％になる。別の側面から見ると、あなたのインカムニーズは、このニーズに使える資産の当初額の8％に当たることになる。従って、もしあなたが40万ドル持っていて、引き出しニーズが毎年3万2000ドルなら、この場合もニーズ・資産比率は8％になる。この比率が重要なのは、年間の引き出しニーズを賄うためにどれぐらいの投資リターンが必要なのか考える際におよその感じを教えてくれるからだ。65歳で、ニーズ・資産比率が8％の人全員が、程度の差はあれ同じ船に乗っていると言っていい。リタイア時点で100万ドル持っていようが、10万ドルしかなかろうが、相対的に見ればニーズは同じだからだ。

これで、おおもとの疑問に戻る準備が整った。20万ドルは、年間1万6000ドルの支出ニーズを賄うのに十分だろうか？答えはもちろん、あなたがその20万ドルをどう投資するかにかかっている。質問の仕方を変えれば、あなたはニーズ・資産比率8％を維持できるか、ということになる。その質問への答えは明白で、我々の究極の目的である資産配分次第である。別の言い方をすれば、リタイア後にあなたの投資ポートフォリオがどうなっているかにかかっているのだ。

まず、リタイアしたあなたが、利息と配当だけで生活するシナリオを確認してみよう。このケースでは、手持ちの20万ドルは1万6000ドルを生むために、インフレ調整後、税引き前で、きっちり年率8％稼がないとならない。残念ながら、短期金融市場の商品では、そこまではとうてい稼げない。そうなるとあなたの選択肢は明らかで、1）そういった比較的安全なものに投資し、結果的に元本を取り崩さなければならなくなり、やがて使い切ってしまうという結果を受け入れるか、2）もう少し積極的に投資し、うまく行けば資産を形成するか、の2つである。もちろん、支出を減らすという判断はいつでもできる。

　この計算はさほど複雑ではない。実質ベースで5％の固定リターンを得て、毎年1万6000ドルを取り崩せば、20年で資産を使い切ってしまう（訳注：年間1万6000ドル、20年分の引き出し額を5％で割り引いて合計すると、ほぼ20万ドルになる）。言い方を変えると、20万ドルの住宅ローンを金利5％で返済する場合、年間の支払いが1万6000ドルであれば、ちょうど20年で支払いが終わるということである。

　それを聞いて、あなたはこう思うかもしれない。実質ベースで毎年5％を稼げれば、このお金はちょうど20年持つ。十分長いじゃないか。

　まあ、そうかもしれないし、そうでないかもしれない。統計を見て、「中程度」の死亡率を想定すれば、65歳の男性は46％の確率で20年以上生き、女性なら56％生きる可能性がある。それでは、そこから推論して、何が起こるか考えてみよう。もしリターンが5％なら、20年で資産が尽きる。これは明らかだ。だが、男性なら46％（女性なら56％）が20年以上生きる可能性がある。言い方を変えれば、もし毎年のリ

ターンがきっかり5％なら、資産より長生きする可能性は46％（女性は56％）もある。なぜなら、自分の資産より長生きする確率とは、お金が尽きたときにまだ生きている確率だからである。もし、いつお金が尽きるか正確にわかり、さらにその時点まで生きている確率がわかれば、この2つを考え合わせることで、自分の資産より長生きする確率がわかる。

同様に、もし退職資産20万ドルのリターンが実質ベースで4％固定なら、前の例より稼ぐ額が少ないため、あなたの資産は少し早く（およそ18年で）尽きてしまう。そして、退職時点から18年生きる確率は、あたりまえだが20年生きる確率より高く、男性で54％、女性で63％である。だから、毎年4％のリターンしか得られないなら、資産が尽きる確率は男性が54％、女性が63％になる。

言い換えれば、もし年間の税引き前の引き出し額が1万6000ドルなら、男性2人のうち1人（女性なら、10人に6人）が4％のリターンで投資している20万ドルの退職資産よりも長生きするわけだ。

もう一度手順を確認しよう。お金が尽きる時点を単純に計算し、次にその時点で生きている確率を調べる。生きている確率が大きければ大きいほど、その生活水準は維持が難しいということになる。

もしあなたの資産が実質6％のリターンをあげられれば、24年間は資産が尽きない計算になる。65歳の人にとっては、24年後というのは遠い先のことだろう。事実、その年齢の男性であれば、そんなに長生きできる（そして資産が尽きる）確率は28％しかない。女性なら39％である。確かに確率は低くなるが、気分が楽になるほどではない。特に女性にすれば。

最後に言えば、もしあなたが幸運に恵まれるか、あるいは抜け目がなくて毎年8%稼ぐことができれば、毎年1万6000ドルを生み出すことができ、お金が尽きることはない。

　つまり、金利8%で20万ドルの住宅ローンを借りている場合、毎年1万6000ドルずつ返済しても永遠に払い終わらないわけだ。あなたはなんとか金利を払えてはいるが、元本を返済するところまではとうてい行かない。

　では、毎年8%のリターンが得られたとき、資産が尽きる確率はどれくらいだろうか？　男性でも女性でも0%になることがおわかりいただけると思う。事実、8%より少し低い毎年7.75%というリターンでも、お金が尽きるまで46年かかる。そんなに長生きする確率は、男女問わずほぼ0%である。

　ここにはびっくりするような秘密は存在しない。実質ベースで毎年1万6000ドルを引き出すと仮定すれば、稼ぎが少なければ少ないだけ、早くお金が尽きるということである。

　ついでに言えば、こういった計算はすべて電卓や表計算ソフトを使えば簡単にでき、生きている確率は死亡率表で確認できる。この計算は、住宅ローンの返済計画と本質的には同じで、いつ返済が終わるかの代わりに、いつお金が尽きるかを示してくれる。

　むろんどこかの時点で、お金が尽きそうだと気づいて、年間の取り崩しを減らすこともあるだろう。あるいは、あなたが計算に入れていたように、大変な事態になる前に社会保障の支援を受けられる可能性もある。あるいは、子供がお金を貸してくれるかもしれない。だからこそ、誰も自分が餓死するなどとは思わないのだ。

　確かに現実には、そんなことなど起きないだろう。最後の

1万6000ドルを引き出して、「ああ、来年はどうしよう？」などと言う人がいないのは明らかだ。とはいえ、将来のプランを立て、最悪の展開になったときに自分の取った行動がどんな結果を招くか把握しておくことが大切である。起こりうる危機を避けるために、この時点では次の2つのうちのどちらかをしなければいけない。

＊退職資産のリターンを高めるためにもっと積極的に投資できるかどうか、自分の資産配分を再確認する
＊支出を減らす——すなわち、やりたいことを減らす

だが、今は20万ドルをどうするかだ。もし投資リターンが何パーセントになるか正確に知らないとしたらどうなるだろう？　理想の世界では、誰でもリタイア後のすべての資産クラスのリターンやインフレ率を知っている。従って、いつ自分のお金が尽きるかを正確にはじき出すことができる。

では、どうすれば現実の世界でそれができるだろう？　市場リターンが日々変動し、人の寿命がこんなに不確実な世界で。

それではここで、もう1つの確率を導入しよう。これで本格的なモデルの準備が整うことになる。このモデルは2種類の不確実性——将来の投資リターンと死亡率——を扱うので、「二重不確実性モデル」と呼ばれている。

表8.1は、単純化するために死亡率は男女の平均を使い、市場リターンと寿命をランダムとした場合の、所定のニーズ・資産比率を持続できる確率を示している。

これを見たあなたは、当然、どこでどうやってこの数字を出したか疑問に思うだろう。そういった疑問は大歓迎であ

表8.1 支出を持続できる確率は？

	モンテカルロ・シミュレーションの結果				
	ニーズ・資産比率				
リタイア年齢	5.00%	6.00%	7.00%	8.00%	9.00%
55	71.3%	60.4%	50.1%	41.0%	33.3%
65	83.2%	74.7%	65.9%	57.3%	49.5%
75	93.9%	89.5%	84.2%	78.3%	72.3%

シミュレーションの前提）死亡率を中程度とする。株式：期待リターン7％、標準偏差20％
出所）ミレブスキーとIFIDセンター、2012年

る。ここでは、原子物理学の複雑な問題を扱うためにここ数十年で科学者たちが開発してきたテクニックを使っている。近頃このテクニックは、交通整理から良質な石鹸の開発までいたるところで使われており、「モンテカルロ・シミュレーション法」と呼ばれている。前の何章かでもこの手法を用いてきたが、ここでもう少し詳しく仕組みを紹介しよう。

我々は、カナダのトロントにある個人金融・保険意思決定（IFID）センターの同僚たちと共同で、金融市場と人の寿命に関する何百万もの異なるシナリオを生成するコンピューター・プログラムを開発した。これは言ってみれば、究極の思考実験マシンである。1つのシナリオでは、あなたは97歳まで長生きし、別のシナリオでは86歳まで生きる。シナリオによってはこれから先20年間マーケットが上昇するし、別のシナリオでは10年間の下げ相場になっている。

ご存知かもしれないが、将来の市場動向のシミュレーションは、企業のリスク管理の分野で、ある期間内に一定額以上の損失を出す確率を計算する際にうまく利用されている。政府の規制当局も、金融システムの安定性を評価する際にモンテカルロ法を使っている。

お察しのとおり「モンテカルロ」という名称は、さまざまなシナリオを生成するコンピューター・プログラムに内蔵されたルーレット盤にちなんだものだ。コンピューターに将来の様子がどうなるか決めさせるのは、いささか現実離れしているように感じるかもしれない。だが、コンピューターの網羅的な計算能力をもってすれば、この先40年間に起きる可能性のあるすべての不測の事態、すべてのシナリオをカバーできる。

　どんなコンピューターにも、金融危機やドットコム・バブルを数年前に予測することはできない。これは確かに正しい。ただし、重要なのは起きる出来事を特定したり予測したりすることではなく、金融市場の推移と人の死亡率に対するすべての可能性を計算することなのだ。

　1つのシナリオでは、米国株が1カ月に15％下落するとコンピューターが予測した。このコンピューターはその理由を全く教えてくれない。なぜそんなことが起こるのか、一切説明しない。確率の範囲内のことだと言うだけである。ところが驚くなかれ、金融危機の真っただ中の2008年の10月に、S&P500指数が15％強下がったのだ。なんとも気味が悪い！

　明らかに、これはコンピューターが将来を予測したわけではない。モンテカルロ・シミュレーションを使うだけで、1カ月の間に15％も下落するという絶対に起こりそうもないことを計算し、それとなく我々にそういった可能性に備えてプランを立てるべきだと勧めてくれる。むだにあなた方を警戒させるようなことはしたくないが、いくつかのシナリオでは、25％よりひどい下落が生じている。先の金融危機は、これほどの下落も起こりうることを教えてくれた。幸いコンピューターは、そうした出来事が起きる可能性は極めて小さい

と評価している。

さて、ここからは楽しい話になる。我々は一晩中コンピューターを動かし、こういったおびただしい数の将来シナリオを実行させておいて、翌朝結果を確認した。

具体的には、考えうる資産配分すべてを対象にして、65歳の人が20万ドルの退職資産から毎年1万6000ドルを引き出した場合、人生が終わる前にお金が尽きるケースを抽出する。それが、（理論上は）お金が尽きる人々である。残りの人は、死ぬときにまだ資産が残っており、資産より長生きするのをなんとか回避したことになる。シミュレーションの全回数に対する前者の比率が、資産より長生きする確率である。そのうえで、これらのケースをふるいにかけ、資産より長生きする可能性を最小にする資産配分を見つける。

例を挙げてみよう。あるシミュレーションでは、リタイア時に65歳で、全資産を株式市場に投資し、実質ベースで年間1万6000ドル引き出した人のお金はおよそ5年で尽きてしまった。その人はありえないほどの不運に見舞われ、（コンピューターが生成した）とんでもない弱気相場の直前に投資を始めたからである。もっともこの場合も、コンピューターはそういう事態が発生する確率は極めて低いと想定している。

別のシナリオでは、退職資産は20万ドルだけで、そのすべてを株式市場に投資し、年間の引き出し額が1万6000ドルの55歳の人が大変早いリタイアを実現している。もっとも、コンピューターは彼を、平均寿命に達するはるか前の68歳で死んだことにしている。堅調な株式市場と若死にの両方が起こったこのケースについても、コンピューターはそうなる確率を非常に低いと結論している。全体的に見ても、45歳

でリタイアし、その時点で20万ドルしか持っていなかった55歳の人が、年1万6000ドルの支出を賄える確率は大きくない。

　先に進む前に、こういったモンテカルロ・シミュレーションによる研究を行う際の前提を確認しておきたい。第一に、人の長生きのパターンは中程度にしている。自分が平均的な米国人より健康だと思っているなら、引き出しの持続可能性、あるいは成功の確率は、前述の推計値よりさらに低くなる。平均より健康であれば、あなたに当てはまる死亡率表も（健康的な集団のものに）変わることを忘れないでほしい。健康であれば長生きし、引き出し期間も長くなる。ほかの条件が同じであれば、（引き出しの）持続可能性は下がることになる。

　第二に、このシミュレーションは、実質ベースの、つまりインフレ調整後の株式リターンを7％、標準偏差を20％においている。これらの数値は、過去50年間の米国株式市場の動きに沿ったものである。あなたが毎年実質ベースで7％の収益をあげられると想定しているわけではない点に注意してほしい。私が前提としているのは、長期的に見て、平均で年率7％の収益を、標準偏差20％であげられるだろうということだ（前にも言ったとおり、標準偏差とは、期待される投資リターンの範囲がどれぐらいの幅になるかを測るものである。標準偏差20％というのは、該当期間の95％で、リターンが20％の2倍、つまり40％の範囲に入るということだ）。正直なところ、7％という値はいささか高すぎるかもしれない。多くの金融評論家が、いわゆる「株式リスクプレミアム[1]」は過去と比べてかなり小さくなるだろうと考えている。

　こうした数値を得るためのアプローチやテクニックには他

に、とりわけこの種の確率問題を扱う数学に取り組んだロシアの数学者アンドレイ・N・コルモゴロフによるものがある。コルモゴロフは、1）退職資産に入っている株式と債券のランダム運動、2）この資産からの引き出し、の2つを結び合わせる偏微分方程式を考え出した。この方程式を使うと、リタイア生活が破綻する確率が予測できる。要するに、まだ生きているのに退職資産が尽きてしまう確率がわかるのである。

この方程式を詳細に説明するのは、本書の執筆意図から外れてしまう。もし興味があれば、私の別の著書『あなたのリタイアメントに最も大切な7つの方程式』（2012年、未邦訳）に、コルモゴロフの偏微分方程式の詳細と、それを自分の退職資産に当てはめるやり方が書いてある。

本章で覚えておくべきことは以下の点である。いったん人的資本が尽きると、金融資産の管理が極めて大切になる。あなたの目指すゴールは、一生を通して自分の人的資本を効率的に金融資産に換えることで持続可能なリタイアメントプランを作ることである。金融資産を多く蓄積できればできるほど、望ましいリタイア後の生活レベルを支えるのに十分なインカムを生み出すチャンスは増大する。もし自分のリタイアメントプランが持続できないとわかったときは、生活水準を下げるか、支出を減らす必要が出てくる。

モンテカルロ分析を使うことで、さまざまなシナリオを訪ね歩き、重要な意思決定の参考にすることができる。たとえば、退職資産が望むほど十分ではないからリタイアをあと2年遅らせるべきか判断が必要になることもある。そういうときは、起こりそうな結果をいろいろシミュレーションしてみれば判断しやすくなるはずだ。私は原則として、90％以上の

確率で持続可能になるように努力するべきだとお勧めしている。

まとめ

* 資産配分をもっと保守的なものにするようなリタイアの魔法は存在しない。長生きリスクを考慮すればなおさらのことだ。
* モンテカルロ・シミュレーションという手法は、さまざまなリタイア後インカム戦略の効果を計算し明らかにするために、金融サービス業界で広く使われている。これに慣れて、金融や投資アドバイザーに、自分の将来の金融状況に関するモンテカルロ・シミュレーションを作るよう依頼しよう。
* 自分の人的資本が尽きたら、リタイア期間の最後まで持続するよう金融資産を管理・運用する必要がある。生涯で人的資本を金融資産により多く変換すれば、それだけ持続可能性が高まる。個人のバランスシートで、この2つの要素をうまく両立させることが、リタイアメント・プランニングの中心になる。
* リタイアした人がいまだにリターンの順序リスクにさらされているのは明らかである。個人年金を取り上げる次章でも、その問題に立ち戻ることになる。

章末注

Bengen（2001）は1990年代初め頃にリタイア後インカムの持続可能性を計算するためにモンテカルロ・シミュレーションを用いた最初の一人であり、彼の論文は一読の価値がある。Ho, Milevsky, and Robinson（1994）は、リタイア失敗の確率を求めるために寿命の不確実性と投資リターンの不確実性を同時に扱う初期の論文を出している。私見だが、Markowitz（1991）の論文はリタイア後インカムのシミュレーションに関する理論的先駆者であり、最近では、Taleb（2001）がシミュレーションとリスク管理の方法論に対する優れた評論を出している。この論文は、我々に、こういった数値のどれも割り引いて扱うべきだということを思い出させてくれる。また、"The 7 Most Important Equations for Your Retirement"（2012）でも、リタイアプランの持続可能性に1章を割いている。

1 訳注：株式のリスクを取ることに対する、追加的なリターンのこと

[日本の読者への補足説明]

　投資の世界で「安全」というと、短絡的に「元本確保」と思われがちですが、何に対して安全かをまず考える必要があります。本書で何度も繰り返されるように、「長生きリスク」「インフレリスク」を考えると、目先の元本確保ではなく、「真っ当な生活を送りながらお金を使い切らないこと」が「安全」を考えるうえで重要だということに気付いていただけると思います。もちろん投資にはリスクがあり、うまく行かない可能性も3章で十分検討されています。しかし、我々が今できるのは、何か起こる前に、起こりそうなことに対して合理的に備えていくことです。

　米国株のパフォーマンスが良いから米国民が投資するし、それで資産の持続可能性が高まるという意見もあります。しかし、日本でもきちんと国際分散投資を行えば、同じような効果が得られる可能性があります。柔軟な姿勢が必要です。また、退職資産が尽きそうになってから検討するのでは遅く、資産があるうちに、できれば資産形成期に検討を始めるべきです。

Chapter 9: Annuities Are Personal Pensions

第9章
個人年金

思い込み9：「個人年金は良くない投資だ。費用が高いし、わかりづらいし、胡散臭い保険のセールスマンが売っているし……」

個人年金は、金融の世界の中で最も誤解され、最もわかりづらい投資商品の1つと言っていい。「個人年金」という言葉自体、全く性格の違うたくさんの商品の説明に使われている。個人年金には、信じられないほど多くのネガティブな報道やキャンペーンがあり、正しいものもそうでないものもあるが、この商品と同じ仕組みが社会保障や確定給付（DB）年金プランの見えないところで使われていることにほとんどの人が気づいていない。これらは、世界中でリタイアメントプランの構成要素になっているのだ。できれば本章が、そうした混乱をいくらかでも収拾し、いくつかの疑問に答えを出すか、あるいは少なくともあなたが自分のアドバイザーに質問すべきことを見つける助けになれば幸いである。だがまずは、興味深い話を少しして、個人年金業界の悪い評判に私自身が果たした小さな役割と関わりを振り返るところから始めたい。

　1990年代中頃、私はゴールドマン・サックスのリスクアナリストと一緒に、変額年金（VA）にかかる手数料と経費の性質や大きさについての研究を行い、その成果はのちに広く引用されるようになった。一般的な変額年金は基本部分が投資信託とよく似ているが、明示されたものと暗黙のものを合わせてさまざまな保険的な保証がついており、保険商品に分類される。このため、投資収益が支払いまで保険内で繰り延べされるという税制メリットを享受できる。私の研究の詳細についてはこの章の後半で少し触れるつもりだが、ここで言っておくべきことは、私の初期の評価はVAにあまり肯定的ではなかった。さほど納得できる商品には思えなかったのだ。

　一般に、個人年金は単なる「商品」ではなく、「プロセス」

と見られている。個人年金自体が、誕生し、時とともに成長し、やがて成熟するライフサイクルを持っていると考えてみよう。このプロセスの初期に、「保険料払い込み段階」がある。この段階では、契約者あるいは投資家が（一括か、分割払いで）お金を拠出し、そのお金は値動きのある多くの投資先（特別勘定ファンド）に再配分される。このプロセスの目標は、他の投資商品と同じく、配当やキャピタルゲイン、金利を受け取って口座の資産を増やすことである。この成長段階には以下の3種類の終わり方があり、保険契約者はこの中から1つを選ぶことができる。

＊年金契約を解約して一括でお金を引き出す
＊契約者が死亡し、受取人が最低保証死亡給付を受ける
＊ゆっくりと定期的なインカム給付を受けることを選ぶ（年金受取段階と呼ばれる）。このインカム給付は、終身か、一定期間か、あるいはお金が尽きるまでのいずれかを保証するように設定できる

　従って、個人年金契約の終了には、基本的に3種類の出口戦略があるわけだ（「死」を戦略と呼んでよければだが）。これらの出口戦略がどれも重要なのは、引き金となる出来事それぞれに対応する保証があるからだ。また、基本的な個人年金に保証が加われば加わるほど、それを投資ポートフォリオに含める意義が増すのは明らかである。401（k）やIRAのうちであれ、税制優遇を受けられないものであれ、もし個人年金の購入を考えているのであれば、そうした出来事があなたの口座の資産や引き出せるお金にどんな影響を与えるか、正確に理解する必要がある。

それでは、90年代後半に行った私の研究に戻ろう。当時、ほとんどの変額年金（VA）契約では、基本的な「払い込み保険料返還（RoP）保証の死亡給付」のみが提供されており、死亡した場合にのみ、マーケットが最悪のときでも払い込んだ全額を受け取れた。この最低死亡給付保証特約（GMDB）は、VAと投資信託という似た者同士を区別するのに唯一適切な保証機能である。

90年代中盤に、いくつかの保険会社が、割のいい最低投資リターンや最大アニバーサリー保証（訳注：日本で言うところの「ラチェット」と思われる）付きの変額年金を売り出した。こうした改良型GMDBでは死亡時に、最低でも受取人には最大年率7%で成長したとして計算された保険料預託金か、契約来の最大アニバーサリー保証額と等しい死亡給付が保証された。だがこれもまた、あなたが死ななければ保証されたものを受け取ることができず、保険契約の多くは契約者が死ぬずっと前に解約されるか失効している。もっと重要なのは、我々が分析を行った時代には、変額年金のほとんどが（特に、401（k）やIRAのような税制優遇プランの範囲に入っているものは）ごく簡素な（RoPの）GMDBしか約束していなかったことだ。

研究を行うにあたって、我々はモーニングスター社が快く提供してくれた包括的なデータベースを利用した。このデータベースには当時、400種類のVA契約と7000の特別勘定ファンドが収められていた。現在では、1400種類のVA、6万6000にも上る特別勘定ファンドが選べるという（なんともすごい「リタイア」インフレだ！）。我々は、保険関連手数料（M&E fee）と呼ばれる純粋な保険費用（年率7ベーシスポイント〔0.07%〕から140ベーシスポイント〔1.40%〕超まで

のもの）を、資本市場でそうした保証を複製する[1]のにかかる費用を概算する理論モデルの値と比較した。靴の小売価格を卸価格と比較して利幅を計算するようなものである。

　風変わりな暇つぶしのように聞こえるかもしれないが、変額年金が提供する保証が消費者が払った額に見合うのか調べたいという、純粋な知的好奇心によるものである。

　今日では、変額年金契約にかかる費用や手数料が、基本的な経済価値モデルと比べて「高すぎる」のか「低すぎる」のか、あるいは「ほぼ適正」なのかを問うことは、抽象的な価格決定理論を学問的に試す程度ではなくなっている。このテーマは、自分が支払ったお金に対して公正な価値（フェア・バリュー）が返ってくるかどうかを確認したがる、コストに敏感な投資家や消費者保護団体だけに関係があるものでもない。事実、権威では並ぶものがない米国労働省が最近、確定拠出（DC）年金プランを対象に、金融機関の受託者責任に関する規制を発表した。労働省はDCプランの規制を行っており、プランに組み込まれる投資商品が適正かどうかの判断には厳しい姿勢を取っている。労働省が行った最近の規制では、DCプランの中の個人年金の費用と手数料の役割と重要性がはっきり言及されている。労働省によれば、DCプランの中で積み立て、ないしは分配の役割を果たす個人年金を選択する責任を負った者は、「提供する便宜と管理サービスとの見合いで、個人年金契約の費用を考える必要がある」。

　もともとの研究の考えでは、死亡時に約束されている保証は、株式プットオプション——契約者に、所定の日付に決まった価格で原資産を売る権利を与えるが、売る義務は負わさない契約——に極めて近い。このオプションは世界中の金融取引所で取引され、市場価格はすぐに知ることができる。変

第9章　個人年金　　233

額年金（VA）の方は、3週間後とか、1カ月後、あるいは1年後といった定まった満期日があるオプションではなく、満期日は行き当たりばったりの「死亡日」になる。半分皮肉を込めて、我々はこの証券を「タイタニック・オプション」と呼んでいる。

悲しいかな、我々の研究の結論は、追加でかかる保険料が純粋にリスクをカバーするためだけのものであるなら、典型的な変額年金契約者は保護と心の平安を得るためにとんでもない高値を吹っかけられている、というものだった。基本的なRoP（払い込み保険料返還）保証、すなわち、あなたが死亡したら払い込んだお金が戻ってくる保証は、年間で資産額の5〜10ベーシスポイントの価値しかない。これがはっきり保険契約者の年齢次第であるのは、高齢の投資家は死亡率が高く、この保証を生かせるからだ。表9.1は、30歳から65歳までの保険契約者を対象に、死亡給付保証の価値を理論モデルで計算したものである。

たとえば退職資産10万ドルをさまざまな株式投資信託に投資し、自分が死んだら受取人に初期投資額の10万ドルが

表9.1 GMDB（RoP保証）の資本市場での調達コスト

年齢	女性	男性
30	0.3b.p.	0.4b.p.
40	0.8b.p.	1.3b.p.
50	2.0b.p.	3.5b.p.
60	5.0b.p.	8.7b.p.
65	7.6b.p.	13.0b.p.

b.p.はベーシスポイント（100b.p.=1%）
前提：株式の期待リターンは6%、標準偏差は20%
出所）M. Milevsky and S. Posner, "The Titanic Option: Valuation of the Guaranteed Minimum Death Benefit in Variable Annuities and Mutual Funds." Journal of Risk and Insurance, 2001.

返ってくる保証を購入したいと思っている60歳の女性の場合を考えてみよう。表9.1によれば、彼女は資金額に対して年率5.0ベーシスポイント（0.05%）支払う必要がある。資金額が年末までに11万ドルに増え、保証料は年末に課されるものとしよう。そうすると、0.05%×110,000=55ドルが保証を受けるための初年度費用になる。

あまり数学上の枝葉末節にこだわりたくはないのだが、これらの数値はあくまでモデルが算出した価値にすぎない。というのも、40～50年も先の満期まで資本市場の保証を購入するのは非常に難しいからである。しかし数学モデルでは、理論的にはそういった保証を複製でき、保証コストはわずか数ベーシスポイントですむことになる。わかりやすく言えば、「生命保険を買うなら、ほんの少しにしておこう。この先、もっと安くなるはずだ」ということになる。

もう一度言うと、RoP（払い込み保険料返還）保証は基本的に、少なくとも自分が支払った分は死亡時に取り戻せることを約束する。これは数学で言う下界、つまり最悪の場合のシナリオである。最悪の場合のシナリオでももう少し良いリターンを提供する商品や保険会社がいくつかあり、ルックバック（過去の金額を参照する仕組み）、あるいはラチェット付き死亡給付と呼ばれるものは、表9.2に示されているように、保証料が少し高めになる。

生命保険によるこうした各種の保証の詳細に立ち入って迷子になりたくはないが、ほとんどの場合、こうした「複製コスト」や「ヘッジコスト」は極めて低いものである。あるいは表9.1や表9.2からは、あなたが保険会社に保証してもらうのと同じリスクに対して、保険会社が身を守るために支払う保険コストはだいたいこんな程度であることがわかる。別

第9章 個人年金

表9.2 GMDB（ルックバック、ラチェット付き保証）の資本市場での調達コスト

年齢	女性	男性
30	15.1b.p.	25.0b.p.
40	18.9b.p.	31.6b.p.
50	24.6b.p.	41.8b.p.
60	32.8b.p.	56.4b.p.
65	36.1b.p.	62.5b.p.

b.p.はベーシスポイント(100b.p.=1%)
前提）株式の期待リターンは6%、標準偏差は20%
出所）M. Milevsky and S. Posner, "The Titanic Option: Valuation of the Guaranteed Minimum Death Benefit in Variable Annuities and Mutual Funds." Journal of Risk and Insurance, 2001.

の言い方をすれば、保証を提供している保険会社が、抱えているリスクをヘッジするのに支払う費用がこれらの数値なのである。払い込んだ以上の金額を約束する、もっと有利な死亡給付保証（残念ながら当時はほとんど存在しなかった）は、高くても60ベーシスポイント（0.6%）以上の価値はない。それ以上の数値になるのは、あなたが男性で、死亡率が十分高い年齢で、積極的に投資できるだけリスク許容度が高く、死ぬまで保険を解約しないですむ場合（税務用語で言えば、内国歳入法第1035条に基づく生命保険の契約の取替という）だけである。

こうした結果に加えて、我々の研究ではVA市場にある他の数多くの特性に関して報告した。前掲の表から読み取れるように、積極的に投資している高齢の（健康でない）男性は、保守的に投資している若い（健康な）女性に比べて、はるかに価値のある保証を受けている。これは、保険による保証が唯一利益を生む組み合わせである弱気相場の間に死亡する確率が、若い女性より高齢男性の方が高いからである。そ

れなのに、どちらのグループもまったく同じ水準の保険手数料を払っている。これは、老いも若きも、健康でも病気でも、まったく同じ保険料で売られる従来の生命保険と同じである。同様に、VAの投資資金が割り当てられる特別勘定ファンドの資産配分が実際どうなっているかに関係なく、追加の保険手数料が請求される。それは、債券ファンドやMMFが（いつ起こるかわからない）死亡の際に評価損になっている可能性がほぼゼロだとしても例外ではない。首をひねらずにはいられなかった。なぜ特別勘定ファンドのリスクに対する保険料が、実際に取っているリスクに従って決まらないのか？　いずれにしろ、こうしたことすべてが当時は腑に落ちなかった。特に、市場や価格はコストや利益を反映すると教え込まれた金融経済学者には受け入れがたいものだった。そこで、ギブアップしてこう宣言した。「なんでこんなものを買うやつがいるんだ？」

　我々の結論は、最終的に高名な学術誌であるジャーナル・オブ・リスク・アンド・インシュランスに2001年に掲載され、その後ウォール・ストリート・ジャーナルやニューズウィークからリーダーズ・ダイジェストまでさまざまな出版物で引用されている。我々の発見は、投資家保護団体や金融評論家、規制当局、原告側の弁護士などに、変額年金が割高で、誇大宣伝された不適切なものであることの証拠として活用された。当時、私はこの研究がそれほど注目を集めたことにとても驚いた。というのも、数式や回帰式がふんだんに盛り込まれた論文だったので、普通なら象牙の塔の外で受け入れられることはないからだ。

　そればかりか、私は実際、数多くの個人年金関連の訴訟や規制措置の公聴会などで証言台に立ち、死亡時に払込金を返

還する約束は「どちらかと言えば意味のない」もので、少なくとももっと安価な生命保険を使うことで複製可能であるという見解を述べた。

もちろん今でも、この研究結果を見当違いと思い込んでいる仏頂面した保険業界の経営陣と顔を突き合わせることになるとしても、私は自分の成果が依然として正しいと考えている。

思い出してほしい。私は変額年金が邪悪で、危険で、不適切なものだとは一度も言っていない。多くの投資家は同じ経済効果をもっと安いコストで得られるというのが我々の基本的な見解なのだ。

時代も商品も変わっている

とはいえ、私がこの業界を観察してきたここ数年の間に、VA契約の設計や価格付け、販売の方法が大きく変化した。すなわち、現在は個人年金のライフサイクルにおける「払い出し」段階と個人年金化のコンセプトに大きく焦点が移っているのだ。いずれにしても、この商品に対する私の公式見解を見直すべきときが来ている。しかし、まずは払い出し段階と、個人年金が実際にどう機能するかを正しく理解することから始めよう。

個人年金化とは、具体的にどういうことなのか？

従来、個人年金の契約者が確定給付の受け取りを選択して払い込み段階を終えると、契約者は口座を個人年金化した、あるいは即時支払年金を購入したことになる。この「年金化」という言葉が投資家の心理と財布に懸念を生じさせるの

は、個人年金を契約するということは、資金を一括払いで手渡して後戻りできないことを意味するからである。そう、保険会社なる相手に。その資金と引き換えに、保険会社はリタイアした人に、死ぬまで時間をかけてこのお金を返していくことを約束する。この「後戻りできない」という性質から、この口座の総額が家族や愛する人に渡らないのではないかという懸念が生まれる。保証期間が選択されていなければ、死亡時に保険会社が未払い分を一人占めしてしまうからだ。

　こうした機能がずっと変わらず続くことから、この取引は多くの退職者に金融的な自殺のような印象を与えてしまう。皮肉なことに、本章の冒頭で述べたように、この嫌われものの個人年金化のプロセスは、世界中のリタイアした公務員が愛してやまない、リタイア後インカムを安定して生み出してくれる確定給付（DB）年金の根幹にあるものなのだ。そればかりか、社会保障からのインカムも、ある種の年金化プロセスに基づいている。たとえ生涯続くことが確実であっても、あなたは将来のインカムを証券化したり、精算したり、現金化したりすることはできない。もっとも個人年金化は、長寿保険の意味合いはさておき、リタイアした人に対して「死亡率による利益」という形の相当な額の利益をもたらす。これについては少し先で説明したい。

　それでは、一体どちらだろうか？　個人年金化は邪悪なのか、それともバランスのとれたリタイア後インカムプランとヘッジ戦略の基本になるものなのか？　個人年金の経済的利点を取り巻く混乱の霧の中に立ち入る前に、少しばかり脱線して、その長所と短所を少し詳しく話しておこう。あなたがリタイア後インカムを賄う戦略の一部として個人年金化を採用するつもりなら、それがどう機能するかをよく理解してお

くべきだ。逆に、個人年金化は自分が採りうる解決策ではないとして避けるつもりなら、その欠点を理性的に語れるようになることには意味がある。

個人年金化の長所

　即時年金は死ぬまで途切れることなくインカムを提供してくれるから、私がここまでの章で述べてきた長生きリスクに対して、極めて貴重なヘッジツールになる。長生きリスクとは、死亡率が想定外に下がることと、リタイア後に平均寿命よりはるか先まで生きることの2つで、それが重なる場合もある。第3章の「時間と場所の分散」で説明した、システマティック・リスクと非システマティック・リスクの分解と近いものだと考えてほしい。

　このように即時年金は、大きな集団の中で長生きリスクをプールし、分担し、ヘッジする機能を提供する。そのおかげで年金受取人はより高い利回りを得ることができ、結果として、株式市場の気まぐれにも影響されない、安定した予測可能なインカムが提供される。まさに、長生き「割増」クーポン付きの固定利付債である。

　これがどう機能するのかもう少し理解してもらうために、**表9.3**で2012年5月時点の一時払即時開始年金（SPIA）の実際の給付額がどれくらいかを示す。それぞれの列は、所定の開始年齢・性別の中で最も条件の良かった5つである。これらの数値は、CANNEX Financial Exchanges社[2]が提供するもので、同社はリタイア後インカム向け商品に対して株式の取引所価格の配信と同様のサービスを提供している。

　表9.3の見方を説明しよう。たとえば65歳女性が10万ド

表9.3 10万ドルで何が買えるか？ 終身で受け取る毎月のインカム

保険会社	65歳男性		65歳女性	
	保証期間なし	保証期間10年	保証期間なし	保証期間10年
A社	568ドル	556ドル	548ドル	539ドル
B社	568ドル	549ドル	534ドル	524ドル
C社	567ドル	548ドル	530ドル	519ドル
D社	566ドル	546ドル	529ドル	518ドル
E社	561ドル	541ドル	522ドル	511ドル

出所）CANNEX Financial Exchanges, 2012年5月

ルをSPIAに投資する場合、彼女が受け取る終身のインカムは、最も良くて1か月に522ドルから548ドルになる。金額の違いは選んだ保険会社による。なお、このインカムは死亡時点で終了する。もし彼女が年金受取期間に入ってから、10年か、5年か、あるいは1年で死亡すれば、残りはすべて失われることになる。このため、多くの人は、少しインカム水準を下げても、保証期間付きのSPIAを選ぶ。同じ表で65歳の女性が10年の保証期間付き（PCとも言われる）を選ぶと、インカムの範囲は下がってしまう。最も良い条件で1カ月539ドル、低いと511ドルになる。65歳男性はもう少し多くて、保証期間10年を選ぶと541ドルから556ドルの間、保証期間なしなら561ドルから568ドルになる。

さらに専門的に言うと、SPIAが生み出す年間のインカムを、当初払込金額10万ドルで割ると、重要な「個人年金の利回り」が得られる。たとえば表9.3で65歳の保証期間なしの条件を見ると、利回りの範囲は男性で6.73%（=561×12/100,000）から6.82%、女性で6.26%から6.58%になる。

実はこうした利回りはここ数年、長期金利の低下と寿命の伸びによって着実に下落している。金融危機は利回りに顕著

な影響を及ぼし、金利は連邦準備制度理事会の金融政策のために史上最低の水準で推移している。

5年前の個人年金の利回りははるかに高く、男性は8％、女性では7.5％を超えていた。前述の理由で、リタイアした人は今、利回り低下、経済危機がもたらしたインフレに加え、前の数章で論じた長生きリスク、それにリターンの順序リスクに直面している。

図9.1は、ここ数年間の個人年金の利回りの推移である。米国の保険会社が提供する個人年金の上位5つの平均を男女別に示すとともに、10年国債の利回りも載せてある。このグラフからは、さまざまな示唆を得ることができる。1つは、年間のインカムを当初払込金額で割った利回りは国債利回りより高いことである。その理由は、個人年金のインカムは次

図9.1　即時年金の利回りは、常に債券より高い

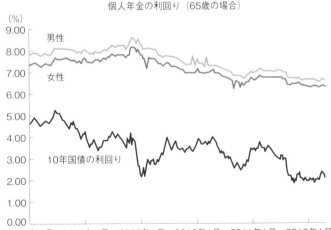

出所）IFIDセンター／CANNEX Financial Exchanges 2012年5月を元にIFIDセンターで計算

の3つのキャッシュフローを混ぜ合わせたものだからである。

＊払込金に対するある種の金利
＊払込金の取り崩し
＊個人年金がもたらす主要な利益〜他の人のお金の一部を受け取る

「他の人のお金」とはどういうことだろう？　これは前に、「死亡率による利益」として紹介したものであり、この考え方、および個人年金化と長寿保険の利点を簡単に説明しよう。

余談——トンチン年金

　95歳の女性5人のグループがあると想像してみよう。たまたま誕生日が同じで、95歳のお祝いを一緒に行った。パーティーを少し盛り上げるために、みんなでちょっと変わった賭けをすることにした。100ドルずつ出し合って資金をプールし、それを1年間使わずにおく。「1年後も生きていた者でこの500ドルを分け合う。死んだ者は分配に参加できない」という取り決めだった。これはトンチン年金として知られるものである。トンチンという名称は、1650年頃フランス国王ルイ14世にこのアイディアを最初に進言したイタリア人銀行家、ロレンツォ・トンティにちなんでいる。

　この賭けの勝者と敗者が決まるのは1年後なので、5人が拠出したお金500ドルはその間、金利5％の1年定期で銀行に預け入れる。この預金はちょうど1年後の誕生日に525ドルになっている。

　さて、翌年はどうなっただろう？　誰が生き残るのか？

いくらもらえるのだろう？　米国社会保障庁の保険数理士が集計した統計によると、95歳の人はおよそ20％の確率で、1年後には亡くなっている。逆に言えば、80％の確率で生き残っていることになる。この確率に従うと、5人のうち4人が1年後の96歳の誕生日まで生き延びて、525ドルを分け合うことになる。

　生き残った人は、当初投資したお金100ドルに対して131.25ドルを得るわけだ。投資リターン31.25％のうち、5％は銀行預金の金利だが、残りの26.25％は我々が「死亡率による利益」と呼ぶものである。この利益は、亡くなった人が「失った」元本と金利であり、生き残った人が「得た」ものである。

　問題は言うまでもなく、生き残れなかった人は通常、資金の請求権を喪失する点である。そのうえ、生き残れなかった人の相続人はこの結果を不満に思い、その一方で生き残った人は良い投資リターンを得ることになる。私個人としては、生き残ることを条件にこれほど高いリターンを保証する金融商品は他にはないと思う。

　さらに重要なのは、将来どうなるかを心配せずに、生涯のインカムリスクを前もって管理できることである。これが、即時年金のもたらす利益の核心である。

　事実、先のたとえ話はもう一歩先まで進めることができる。もし彼女たちが500ドルを株式マーケットか、もっとリスクのあるNASDAQハイテク株投信に投資したらどうなるだろう？　もし投信や年金の特別勘定ファンドの運用がうまく行かず、翌年に20％下落し400ドルになったら？　生き残った人はどれくらい損をするだろうか？　もし「まったく損しない」と考えたなら、大正解である。生き残った4人が

400ドルを分けるので、当初の投資額100ドルが戻ることになる。

これが、死亡率による利益の力である。マーケット下落による損失を補い、上昇による利益をさらに増大させる。本物の長寿保険で分散ポートフォリオを包み込んでやれば、年金受給者は金融リスクに対してもっと余裕が持て、耐えることもできるようになると言っていいかもしれない。

もちろん、現実の個人年金契約はこんなに単純ではない。このグループの「トンチン年金」契約は毎年更新され、生き残って96歳になった人は、「死亡率による利益」を回収して終わるという選択肢を持っている。実際には、個人年金契約は生涯続くものであり、その利益は長期にわたるリタイア生活の間に分割・償却される。年金受給者は、こうしたさまざまな要素が混ざり合った給付を定期的に受け取るわけだ。それでも、契約を支える基本的な年金経済の仕組みは今示したとおりである。

とはいえ、高齢になると、死亡率に賭けるこの「人生ルーレット」では、若い頃ほどの大きなリターンを得ることができなくなるので、自分で「体系的引出サービス」で管理する方がもっとうまく行くようになる。死亡率が高くなりすぎるためだ。

現実世界の即時年金に戻る

個人年金の価格の差、すなわち保険会社が売り出す保険で最高の競争力を持つものと最低のものとの差は、時代とともに縮まっている。言い換えると、お買い得商品は少なくなり、保険会社間のばらつきも減っている。

私見ではあるが、価格の差が縮まったのは、コモディティ

化が進み、競争が厳しくなったからだ。保険会社はこの流れを歓迎していないが、最終顧客には利益になっている。事実、インターネットや、保険の価格が即座にわかる透明なプラットフォームを提供するCANNEX Financial Exchanges社が利用できるようになったことが、この流れを加速している。

個人年金化の短所

SPIAなどの個人年金化ベースの商品に対しては、理にかなった批判が数多く浴びせられている。前にも紹介したが、大きな懸念の1つは、保険契約を結んで商品を購入したら、後戻りがほぼ不可能になることだ。株や債券、投信などの金融商品と異なり、現金化したり、償還したり、流通市場で売ったりすることはできない。多くの場合、個人年金化した時点で（保険会社に）遺産を完全に譲渡することになる。

正直なところ、後戻りできない点には不満があるのだが、これは至極もっともで、正当と認められることなのだ。もしあまり健康ではない、あるいは死の床についているような人が、保険会社にSPIAの契約を「戻し」て、まだ受け取っていない給付すべてを払い戻すよう申し出ることが認められたらどうなるだろう。みんな同じことをして、年金加入者の大きなプールに長生きリスクを分散させる能力を保険会社が完全に失ってしまうのは明らかだろう。これは、第2章の「生命保険は人的資本をヘッジする」で紹介した「逆選択[3]」の一種であり、保険会社の保険数理士が最も恐れることの1つである。思い出してほしいが、債券市場で得られるリターンより利回りが高い理由は、保険会社が内部で長生きに対して

補助を出しているからである。

　保険会社の中には流動性がないという懸念に対して、部分解約や払い戻し、死亡給付金などの機能を巧みに組み込んだSPIAを提供しているところもある。そういった解決策で確かにリタイアした人が個人年金化に抱く懸念は多少なりとも緩和できるだろうが、その代わりに前述した「長生きによる利益」は犠牲にすることになる。

　2つ目の大きな懸念は、インフレが特にリタイア後インカムに対してどう影響するかというものであり、これについては第5章「個人のインフレとリタイア後の生活費」で取り上げている。現在販売されているSPIAのほとんどは名目ベースの給付を行っており、時間とともに実質価値が減少してしまう。そうしたインカムの購買力は、リタイア生活の半ばには60％以上減ってしまう可能性もある。もちろん、インフレ連動、あるいは生計費調整（COLA）型の個人年金を買うこともできるが、前払い保険料からその分の大きなコストを引かれてしまう。

　3つ目の極めてまっとうな懸念は、保険会社が将来、ある時点で年金受給者への給付義務をまっとうできなくなるという信用リスク（クレジットリスク）である。これを書いている時点で、SPIAを提供している保険会社の中で最も格付けが高いのは、ムーディーズ社の格付け[4]でAa1であり、我々が例に使った会社の中で最も低いのはA1だった。どちらもムーディーズ社の格付けでは上位に入るが、保険の買い手としては、長い契約期間の間に格下げされることや、やがて起こるかもしれない会社の破綻の可能性が心配になる。そうした買い手には、保険会社の破綻はまれであることと、ある程度の範囲内で契約者を保護する州営保証基金があることを伝

えれば、多少は安心するかもしれない。もっとも、より簡単な対応策は保険会社の分散で、それだけでリスクをいくらかでも減らすことができる。

要するに、即時年金は極めてユニークで、特殊な種類の保険である。人が一生のうちに買い求め、本当に使いたいと思う唯一の保険契約と言っていい。我々はみな、住宅保険や災害保険、自動車保険などに入るが、そうした保険から実際に給付を受けたいとは思わない。誰だって、自分の家が火事になるとか、足を骨折するとか、自動車事故にあうとかを望んだりしないだろう。その点、個人年金によって「保険をかけられる出来事」は、長生きと豊かな暮らしなのだ。

変額年金に関する私の調査の続き

ここまでかなりの時間をかけて変額年金（VA）の最近の形式のいくつかを、保険数理士や規制、アドバイザーなどの話題とともに考察してきたが、私はまだこれらの商品や特約が以前の（悪名高い）変額年金という名で呼ぶのにふさわしいものなのかどうか確信を持てない。

ますます種類が増えるこの商品をどう呼びたいかは別にして、私が分析を行っていた頃から考えると、振り子は反対方向に振れているようだ。今はもう、保証に対して過剰請求されているとか、もっと低いコストで同じ目的を達成できるとは言えなくなった。

今日、VA契約は死ぬための投資商品ではなく、生きるための投資商品として作られていると言える。生涯にわたる保証インカムを生み出すことにますます注力しているからだ。VAは税制優遇のための商品としても販売されていない。も

っと安価な定期生命保険が増え、キャピタルゲイン課税の税率が下がったことで、VAの方向性が変わったのだ。今の本流は、後戻りできない個人年金化の恐怖を感じることなく、第6章「投資リターンの順序」で説明したリターンの順序リスクから保護することと、生きている間とその先まで持続性のあるリタイア後インカムを生み出すことである。なんと、変額年金もようやく、私が前に説明しようとしていたあるべき姿に戻ったのだ。VAは長寿保険を提供し、個人で行うには大変難しく費用のかかる「生前給付」を作り出している。

事実、最低引出（総額）保証特約（GMWB）、最低累積増額給付保証特約（GMAB）、最低年金原資保証特約（GMIB）といった、変額年金に付いている新型の生前給付特約に着目すると、こうした「金融保険商品（FinanceとInsuranceの造語）」が別の種類の保護を作り出しているのがわかる。これらの特約の性質は**表9.4**にまとめてある。変わった略称ではあるが、すべての特約には資本市場にある株式プットオプ

表9.4 増えている個人年金の特約

特約名	変わった略称	機能
定額給付	GMIB／最低年金原資保証特約	「最高」、ないし「最も好ましい」保険価額を、生涯のインカムに変換することができるオプションを提供
引出給付	GMWB fL／最低引出（総額）保証終身特約	一定の確定期間（10〜25年）、場合によっては終身、最低給付を保証する体系的引出サービス（SWiP）を利用できる
累積増額給付	GMAB／最低累積増額給付保証特約	あらかじめ決められた期間（10年後など）か年齢に達すると、少なくとも当初の投資の全額を払い戻すことを保証
長寿給付	ALDA／高齢繰延終身年金	少額の保険料を前払い、あるいは定期支払いすることで、高齢（たとえば85歳）になった時点で開始される終身給付を提供

出所）ミレブスキーとIFIDセンター、2012年

ションが組み込まれている。これらはリタイア後早い時期や、インカムを引き出し始めた直後に大変なことが起きた場合に保険契約者を守るものである。それに、先年のマーケット崩壊のあとだけに、リターンの順序リスクは90年代後半の高揚感の時代ほど縁遠いものではなくなっている。あなたのリタイア生活を台無しにするためには、マーケットが暴落したり、低迷したままでいる必要はない。必要なのはまずいタイミングでの弱気相場であり、それだけであなたのインカムの持続可能性は半減する。

手数料は（まだ）高すぎるのか？

　この節のタイトルは、私がもっとも言いたいこと、つまり変額年金が提供する最近の保証や特約は、保険会社が純粋な保険料として請求するものに比べて、はるかに価値のあるものであることを表している。

　そう、私が初期の研究で取った立場から考えると意外に思えるだろう。しかし、先ほど挙げた生前給付保証にかかる追加特約手数料を分析すると、なぜウォール街の投資銀行家は同じタイプの派生証券（基本的に長期のプットオプション）に対して、そんなに高いフィーを乗せているのか不思議に思えてならない。確認すると、プットオプションは、事前に決めた「行使価格」で証券を売る権利をオプションの買い手に与えるが、それを行使することは義務ではない。そして、リタイア後インカムを保護する理論的な費用を試算するためにプットオプション単体での価格を調査してまずわかったのは、派生証券のディーラーやオプション市場のマーケットメイカーの方が高く売りつけていることだった。

　もっとも注意深く分析していくと、十年前には基本的な死

亡給付保証が割高であると弾き出した数学モデルが、今やほとんどの生前給付が割安であると示している。

たとえば、最近ヨーク大学の同僚と追跡調査を行い、基本的なGMWB（最低引出〔総額〕保証特約）——30〜50ベーシスポイントの追加費用がかかる——は、資本市場でヘッジしようとすると実際には75〜160ベーシスポイントのコストがかかる可能性があるという結果を得た。この数値には、保険会社の利益やコミッション、取引費用などは含まれていない。実際、投資家が似たような下落に対する保護を買おうとすると、保険の他にはオプション取引所しかないが、そこではマーケットが荒れているとき（ボラティリティが大きいとき）には5倍から10倍請求されることも少なくないという。

本章の初めの方で述べたとおり、最低引出（総額）保証終身特約（GMWB fL）、最低年金原資保証特約（GMIB）といった革新的な特約は、投資におけるリターンの順序リスクへのヘッジ機能を提供することに加え、暗黙のうちに長寿保険としても機能する。これは、個人年金化の不可逆性に不満を持っている人、確定給付年金が徐々に「消滅」していることに影響を受けているリタイアした人には解決策となるかもしれない。もちろんこれは、さらに長生きリスクの増大が想定される今、こうした保証を提供している保険会社が背負う難題でもある。なにしろこのリスクのせいで、確定給付年金のほとんどがこぞって撤退していったのだから。

合計すると、VAの契約残高は2兆ドル以上になる。その多くは古いタイプのVA契約で、保証の価値は契約額に対して数ベーシスポイントしかない。だが残りは、この先ずっと保険発行者には難題となり続けるであろう、価値ある生前給付オプション（特約）の付いたVA契約に分類されるもの

だ。私は、必ずしも保険会社が歩調を合わせてこうした特約の料金を上げることを推奨しているわけではないし、米国司法省がそういう提案をあっさり受け入れるとも思わない。それよりも、この生前給付の開発競争の中では、想定をはるかに超える金利低下と長生きが進んでいる状況に合わせてヘッジ戦略を実行していくことは、保険発行者にとってこれまでなかったほど重要になるだろう。それが今後、彼らの約束や保証を履行する能力にじかに影響を与えることになる。1つだけ確かなことがある。このタイプの保険には価値があることだ。

リタイアが近づくと、個人年金はあなた個人のバランスシートを守る重要な役割を担うようになる。事実、あなたの人的資本が尽きてしまった後、あなたに残されるのは、インフレリスク、リターンの順序リスクに対して脆い金融資産だけになる。あなたが金融資産の寿命より長生きする可能性はいつでも存在するので、長生きリスクもまた懸念材料だ。こういったリスクと戦うために、さまざまな種類の個人年金を利用することもできる。変額年金であれ、一時払即時年金であれ、それぞれが独自の強みを持っている。こうした異なる金融商品からどう選択するかが、次章のテーマである。要するに、人的資本がなくなってしまったら、リタイア生活がうまく継続するよう自分の金融資産を守ることが決定的に重要になるのだ。

まとめ

＊個人年金は数千年前から存在しており、確定給付年金（DB）や米国の社会保障の基礎になっている。個人年金に

は、もともと間違っているとか、問題があるということはない。個人年金はリスク管理ツールであり、無視する場合はあなたが危険を負担することになる。
* 変額年金を、明示されたもの、暗黙のものを合わせたいくつかの保証が付いた、複数の投資の選択肢を持つ投信と考えてみよう。
* そうした保証には、非常に価値があるものと、そうでないものがある。一般的に、新しいタイプの生存給付保証特約（GLiBと略される）は、古いタイプの死亡保障とは多くの点で大きく異なっている。GLiBは消費者に公正な価値（フェア・バリュー）を提供するので、リタイア後の支出を賄う仕組みとしては適切であると思われる。
* 個人年金は、あなたの金融資産に対するリスクのいくつかを緩和する助けとなり、リタイア後インカムの持続可能性を増す可能性がある。

章末注

この章は、私がSteven Posnerと行い、the Journal of Risk and Insurance（2001）に掲載したオリジナルの研究と、Insurance: Mathematics and Economics（2006）に掲載したThomas Salisburyとのフォローアップ研究に大きく依っている。背景や、参考文献の詳細については、Milevskyの"The Calculus of Retirement Income"（2006）をご覧いただきたい。また、2012年の夏さなかにおいて、かなりの数の保険会社が、それらがもたらすリスクや長期の保証をヘッジするための多大なコストから、終身引出（総額）保証特約（GLWB）の販売を中止、あるいは停止してしまっている。このため、今の時点でパズルは解消されている。これら商品の多くがうまく設計されておらず、こういった基本的なミスを犯した保険会社は、自分たちの価格付けの失敗の代償を払わされている。

1 訳注：資本市場にある商品を使って同等の機能を作ること

2 訳注：CANNEX Financial Exchanges社は、著者が創業者であるThe QWeMA Group社を買収している
3 訳注：保険で言えば、保険金支払いが起きそうな人ばかりが加入するような、契約全体にとって望ましくない行動
4 訳注：ムーディーズ社のAa1は、他社のAA+に相当する。同様に、A1はA+に相当する

[日本の読者への補足説明]

　日本の読者にとっては、この章が最も難しく、また現状との開きが大きいかもしれません。この章で紹介されている終身年金にはさまざまな特約がついており、これらが身近でないため、一読しただけでは理解できないかもしれません。ただ、重要なのは、確定拠出年金（DCプラン）を含めた投資商品は「年金」ではなく、終身でインカムを保障するためには、何らかの「終身年金」の力を借りる必要があるということです。

　一方で、「終身年金パズル」という言葉もあります。「明らかな長生きリスクのヘッジ効果が期待できるにもかかわらず終身年金が好まれず人気のないこと」を表しており、これは、「日本だけでなく世界共通の現象」（いずれも『長生きリスクと年金運用』浅野編、日本経済新聞出版社、2012年）です。本書で終身年金（個人年金）について繰り返し重要性を述べているのは、米国でもなかなか普及していないためでしょうが、これから寿命がさらに伸びていく中で、長生きリスクに対するヘッジツールとして検討対象に入れておくべきだと思います。

　大切で少なからぬお金を預け、終身という長期にわたって払い戻しを受けることから、本書にもあるように終身年金を契約する際には保険会社の破たんも大きな懸念になります。日本では、生命保険会社が破たんした場合、生命保険契約者保護機構によって保険契約が引き継がれます（2018年2月時点）。どのように引き継がれ、また契約条件が変更されるかは個別にご確認いただく必要がありますが、セーフティーネットは用意されています。

　生命保険契約者保護機構（http://www.seihohogo.jp/）や

保険会社などのウェブで詳細をご確認ください。

　また、低金利下で長寿を支えていくには、トンチン年金という考え方も必要になります。第2章でも述べられているように、ヘッジにはコストがかかり、それは長生きヘッジに関しても同じです。この章にあるように、特約をつければその分コストがかかります。払込金を保証する特約も同じです。長生きをヘッジすることを主眼に置き、そのコストを負担する覚悟があれば、トンチン型の終身年金は非常に魅力的な選択肢になります。

Chapter 10: Product Allocation Is the New Asset Allocation

第 10 章
商品配分は
新しい資産配分

思い込み 10：「資産配分は、パフォーマンスの 95% を説明する」

若い頃は忙しく働き、自分の人的資本を金融資産に換えているため、経済学の知識の中で最も重要で、一番に実践すべきなのは、分散投資というコンセプトである。自分の金融資産を相関が低いさまざまな資産クラス、できれば自分の人的資本と同じリスク要因を持たない資産クラスに確実に置いておくことで適切な分散投資が行える。事実、株式と債券であれ、バリュー（割安株）とグロース（成長株）であれ、大型株と小型株であれ、資産配分は分散の基礎になっていて、両者は密接に繋がっている。

　ところが、リタイアが近づくにつれて資産配分は限られた役割しか持たなくなり、適切な商品配分がそれ以上に重要な意思決定になると私は思う。「商品配分」という言葉には、リタイア後インカムのうちどの程度を投資信託やETFなど従来型の金融商品から生み出すべきで、どの程度を個人年金、変額年金その他の保証付き保険商品などの年金風の商品から生み出すべきかを決めるという意味が含まれている。本章では、適切なリタイア後インカムのための商品配分を決めるアプローチの1つ（頭文字をとってPrARI[R1]と呼ぶ）を紹介して検討したい。

商品配分入門

　前章で示したように、人が資産形成（人的資本から金融資産を作る）段階からインカム生成（金融資産を引き出して使う）段階に移ると、それまでには気にしなかった、リタイア特有のリスクに直面する。本章のメインテーマである最適な商品配分に進む前に、簡単にこうしたリスクを振り返っておく。

長生きリスク

　米国国立健康統計センター（NCHS）によると、米国人の平均寿命はこの50年間だけでおよそ15年も伸びている。2010年時点で、平均寿命の推計値は男性が76.2年、女性が81.1年である。もちろん平均だけでは全貌を把握するには不十分で、実際にリタイアする年齢になったとき、あと20年から30年生きる可能性はかなり高い。このことについては第7章「長生きは喜ぶべきことであると同時に、リスクでもある」で詳しく説明してある。

　たとえば65歳の男性なら、そこから20年生きる確率は46％近くになる。女性だともっと高く、65歳の女性のうち2人に1人は85歳まで生きると推計されている。たぶん、長寿関連の統計で最も注目すべきは、カップルのうちの少なくとも一方が生存している確率だろう。65歳の男女カップルの少なくとも一方が85歳まで生きる確率は76％になる。カップルのどちらか、あるいは両方が90歳まで生きる確率は1/2である。

　こういった予測では、個々のライフスタイルや習慣的な行動、家族歴の影響を無視することはできないが、ここで言いたいのは、人の寿命は不確定なものだから、リタイア戦略はそれまで以上に、長生きリスク対策が必要になることである。

インフレリスク

　連邦準備制度理事会（FRB）は、マクロ的なインフレを許容範囲内に抑えることに専念している。FRBはそのために金融政策を微調整しており、おかげで彼らが見守っている

消費者物価指数（CPI）などインフレ関連の総合指数の動きは一定の幅に維持されている。だが、FRBはインフレ目標を0％にしていないし、今後もそうしようとはしないだろう。一方、リタイアした人の多くはインフレ率が極めて低くても時間が経つと購買力に有害な影響を及ぼすことに気づかないでいる。

第5章「個人のインフレとリタイア後の生活費」を思い出してほしい。インフレ率がわずか2％でも、1000ドルのお金の購買力は20年間で1/3以上も浸食されてしまう。さらに35年後には、当初の1000ドルは実質価値が半分になる。

購買力浸食の度合いは、リタイア層ではさらに著しいものになる。今後はCPIではなく、米国労働統計局が最近作った高齢者向けのインフレ指数（CPI-E）に気を配るべきである。この新しい指数が必要とされるのは、加齢に伴って我々の支出行動が変わるからだ。インフレ指数はどれも、所定の商品バスケットの値動きを反映したものであるが、この新しい指数はリタイア層の消費パターンを捉えることを目指している。過去25年間を見ると、もっと幅広い年代を対象にした指数であるCPIを、CPI-Eが毎年0.5％～1％上回っていたことがわかる。これが意味するところは、インフレ率にもさまざま種類があり、リタイア層向けのインフレ率は高めであることだ。

リターンの順序リスク

第6章「投資リターンの順序」では、「リタイアの危険領域」と呼ばれるリタイア直前・直後の数年間において、芳しくない市場リターンによる損失に、退職資産が極めて敏感であることを示した。これはまた、目いっぱい積みあがった資

産が危うくなるポイントである。従って、リタイア後の投資リターンの順序が、マイナスリターンから始まるようなら、支出戦略の持続可能性が脅かされる。もちろん、我々には正確な寿命やリタイア生活にかかる費用、あるいはリタイア後のインフレ率を自由に決められないのと同様、必ず起こる弱気相場の時期を自由に決めることもできない。

　だからこそ、これらの不確かな出来事がもたらす結果を予測しようとするよりも、商品配分戦略を使って意に沿わない結果に対して保険を掛けておくべきなのだ。これが、私が商品配分戦略の必要性を訴えるときに強調することの1つである。商品配分戦略の目的は、リタイア後の目標に照らして、前述のリタイア後のリスクをヘッジすることだとも言える。

　リタイア後のリスク管理の重要性が増している今、金融業界が保険や投資商品、それに付帯する機能（特約）の種類を増やし続けていることは驚くに当たらない。その結果生じた難問は、そうした商品のどれを顧客の資産を割り振る先として勧めるべきか、配分割合をどうするかということである。

　まず手始めに、包括的な商品配分戦略のために、3つの主要な金融・保険カテゴリーを考察すべきだろう。

　1つ目の「体系的引出サービス（SWiP）」は、リタイア後インカムを生み出すためにさまざまな投資先に配分している資産から、あらかじめ決めておいたルールに基づいて計画的にお金を引き出していく方法である。この引き出しは、残高が0になるか、人生が終わるまで続く。

　2つ目の最新世代の変額年金は、リタイア後のリスクに対応する保証を組み込んだ、さまざまな特約や特典の選択肢を提供している。増え続けるそうした特約の中には、頭文字をとってGMAB（最低累積増額給付保証特約）やGMWB（最

低引出〔総額〕保証特約)、GMIB（最低年金原資保証特約）と呼ばれるものがある。これらの特典とそれが約束していることについては、**表9.4**にまとめてある。GMWBとGMIBはリタイア後インカムを論じるうえで特に興味深く、今後はその2つを「生存給付保証特約」、あるいはGLiBと呼ぶことにする。

　最後は、再び終身年金（LPIA）の話に戻る。一時払即時開始年金（SPIA）や定額即時年金（FIA）としても知られるこうした商品がリスク管理に果たす主な効用は、長寿保険を買い手に提供することである。これらには長寿保険が組み込まれていて、平均寿命より長く生きたときに年金受給者を守ってくれる。それが終身年金を購入することで得られる保証で、変額年金の生存給付保証特約（GLiB）でもある程度は可能だ。この長寿保険は、終身年金を若いうちに契約して、受給開始を遅らせる（たとえば50歳以前に契約し、受け取りを80歳からにする）とさらに効果がある。契約と受

表9.4（再掲）　増えている個人年金の特約

特約名	変わった略称	機能
定額給付	GMIB／最低年金原資保証特約	「最高」、ないし「最も好ましい」保険価額を、生涯のインカムに変換することができるオプションを提供
引出給付	GMWB fL／最低引出（総額）保証終身特約	一定の確定期間（10～25年）、場合によっては終身、最低給付を保証する体系的引出サービス（SWiP）を利用できる
累積増額給付	GMAB／最低累積増額給付保証特約	あらかじめ決められた期間（10年後など）か年齢に達すると、少なくとも当初の投資の全額を払い戻すことを保証
長寿給付	ALDA／高齢繰延終身年金	少額の保険料を前払い、あるいは定期支払いすることで、高齢（たとえば85歳）になった時点で開始される終身給付を提供

出所）ミレブスキーとIFIDセンター、2012年

給開始日の間が長くなればなるほど、他の条件が同じなら、契約に組み込まれている「死亡率による利益」が大きくなる。「死亡率による利益」は保険数理士が、純粋な長寿保険の説明に使う用語である。このタイプのプランは高齢繰延終身年金（ALDA）と呼ばれることが多く、**表9.4**でも紹介されている。

一方、生存給付保証特約（GLiB）は、先に説明した純粋なLPIA商品ではないということから、長寿保険の要素はさほど含まれていない。終身給付を約束するGLiBもあるので、そうした要素もあるにはあるのだが、同時に好ましくないリターンの順序に対する別の形の保障も提供している。GLiBはさらに、株式や債券、その他の従来型の証券に投資するいろいろな特別勘定ファンドを利用する手立ても提供する。いくつかのリスクに対する保障を他にない形で組み合わせている点から、私はGLiBを独特のリスク管理商品と認め、配分の対象にする価値があると考えている。

リタイアした人それぞれに対してこの3種類のうちどれがふさわしいか、どういう割合にすべきかを決めるにあたって、まずは1つ1つの強みや欠点を相対的に評価することが大切である。

図10.1で私は、リタイア後のリスクをヘッジする効果とリタイア後の目標の実現を果たす効果を基にして、3種類の商品それぞれの相対評価を行った。こうしたスコアを総称して、私はリタイア成績評価平均点（GPA）マトリクスと呼んでいる。個々のスコアについては意見が分かれるかもしれないが、全体の順位付けは直観的に理解できるものになっているはずだ。

まず表の左側の「リタイア後のリスク管理特性」に注目

図10.1 それぞれの戦略と、その成績評価平均点（GPA）

あなたのリタイア商品の成績評価平均点は？

	リスク管理特性			目標実現特性			手数料、経費
	インフレ	リターンの順序	長生き	流動性	行動バイアス	承継	
LPIA（終身年金）	1	2	5	0	5	0	0
SWiP（体系的引出サービス）	4	0	0	5	1	5	−2
GLiB（生存給付保証特約）	2	5	3	1	3	3	−4

出所）ミレブスキーとIFIDセンター、2012年

し、LPIAの評価を見てみると、前述のように、この商品の強みは終身の定額給付を行うところにある。リタイアした人が生きている間はLPIAの提供する保証給付が続くので、長生きリスクを直接ヘッジできる。この商品は、消えつつある従来型の年金の代わりになる。そこで私は、長生きリスク管理特性についてはLPIAに最高の5を付けた。

反対に、LPIAはインフレに備える機能が最も低い。LPIAは基本的に名目で定額の給付を行うもので、最も一般的な形式のものでは、購買力の低下を回避できない。また、リターンの順序リスクのヘッジ機能については、中ぐらいの点を付けた。この商品は契約期間初期の悪いリターンに対する保障をはっきりうたってはいないが、間接的にこのリスクに対応している。給付額は固定で、マーケットの変動に関係なく保証されているからだ。

次にSWiPは、図10.1にあるように、リスク管理特性がLPIAの逆になる。SWiPはインフレヘッジ特性で最も高いスコアが付与されている。SWiPが持つ投資の選択肢はほぼ無限で、その基礎となっている資産配分を投資家がコントロールできるようになっている。これによって、投資家はイン

フレ率をしのぐ傾向のある投資を選ぶことができる。

しかし、SWiPはリターンの順序リスク特性では最低のスコアだ。「リタイアの危険領域」でのマーケット下落の可能性に対して、まったく保護機能がないからである。この欠点はリタイア生活において、長く残る有害な影響を金融資産に与えてしまう。また、SWiPの資産配分が債券に偏ると、マーケット変動には強くなるが、リターンが低くなってしまう。その結果、投資がインフレ率に追いつかなくなるし、リタイアした人が資産より「長生き」してしまう可能性もある。

さらに、長生きリスクへのヘッジツールとしての有効性については、SWiPのスコアは0である。長生きに関しても保証はなく、投資家はリタイア後死ぬまでの間、資産が続くように支出と投資方針を監視し、調整する責任を負うしかない。

GLiBについては、評価は前の2つが混ざったものになる。リターンの順序リスクをヘッジする能力については、3つの中で最も高いスコアが付いている。明示されていない保証と約束がGLiBの核である。その多くが、リタイアの危険領域におけるマーケットのパフォーマンスがどうあれ、少なくとも初期投資額の払い戻しを約束している。GLiBは、(もっと複雑ではあるが) ポートフォリオを下落リスクから守るために市場で購入できる長期の株式プットオプションに似ている。そのため、組み込まれた保証によって、このカテゴリーでは最高のスコアを得ている。

とはいっても、すべてのGLiBが同じように作られているわけではない。終身のインカムを保証する本当の長寿保険を提供しているのは、そのうちの何種類かだけである。従っ

て、GLiBは、長生きリスク管理特性で最高評価のLPIAのスコアには及ばない。

最後に、長寿保険の能力がさまざまであるのと同様、GLiBの中にはインフレヘッジの有効性で他を上回るものがあることも付け加えておきたい。GLiBは一般にインフレ保護の提供を明確に打ち出してはいないが、その多くは給付を定期的に見直すステップアップ型か逓増型のもので、それがインフレの影響を打ち消す可能性もある。従って、この特性に関しても、スコアはSWiPとLPIAの中間に位置づけられる。

図10.1で明らかなように、この3種類の商品を評価するうえで、リスク管理特性だけを見るのではまだ目的の半分しか果たしていない。こうした商品をどう配分するか決めるためには、少なくとも3つの目標——流動性、行動バイアスに対する「自制」、承継という観点が必要である。

たとえば、もしリタイアした人の将来の目標が多額の遺産であれば、LPIAにすべてを割り当てるのは不適切である。また、この商品は引き出し率を変えたり、想定していなかったニーズで多額のお金を引き出したりすることを認めない設計になっている。そのため、LPIAの流動性や承継に関する目標達成能力のスコアは0である。

その一方で、投資家が犯しやすい行動バイアスによるミスに打ち勝つ能力については、LPIAのスコアを5と高くしてある。要するに、我々の多くは投資する際に、制約やうまく誘導してくれるシステムがないと非合理な意思決定や誤りを犯しがちである。そのために、リタイアにおける支出目標を達成する可能性が下がってしまう。LPIAを発行する保険会社に一時払保険料（撤回不可）を支払うと、運用判断の権限

も投資家から保険会社に移行する。そのおかげで、行動バイアスやミスを犯す余地がほぼなくなるのだ。

目標実現特性についてもまた、SWiPはLPIAと真逆の評価になっている。SWiPを使うと、投資家は容易に流動性ニーズと承継目標に対処することができる。資産配分や引き出し率に関する権限を持ち続けているからである。ところが権限の保有というまったく同じ理由で、行動バイアスによるミスを避ける助けにはほとんどならないため、スコアは1になっている。

最後に残ったのが、GLiBの目標実現特性の評価だ。まず、GLiBの口座の流動性に制限があるのは、特約に対して引き出し上限が定められているからである。そのうえ変額年金は、上限を超えたら解約手数料をかけることで、引き出しを制限している。だが、高くつくとはいえ、契約者はある程度の自由裁量がある。そこで、GLiBはLPIAよりもスコアが1高くなっている。

GLiBの特約は行動バイアスに対しても有効であるため、スコアを3にした。GLiBを購入することで、投資家はリタイアの危険領域でも自分が悪いマーケット・パフォーマンスから守られていることを知っているので、事実上、心の平和を買ったのと同じことになる。その結果、投資家は投資内容を支出戦略にあわせようとして（害になりがちな）取引をする必要がなくなる。

面白いことに、承継についてのGLiBの目標実現特性は行動バイアス特性と通じるところがある。広範囲にわたる業界データによると、GLiBの投資家はリタイアの危険領域で市場の下落から守られているため、変額年金ではよりリスクのある資産配分を選ぶ傾向にあるという。この配分は長期的に

見ると高い成長を生む可能性があり、結果的に死ぬときにたくさん遺せるかもしれない。もちろん、変額年金が最終的に個人年金化されたり、(元に戻せない)リタイア後インカムに変えられたりするケースもあり、その場合はLPIAのときと同様、死亡給付金はなくなってしまう。こういう制限があるため、GLiBの承継のスコアは3になる。

リタイア商品の成績評価平均点マトリクスを作る最後のステップは、手数料や各種の費用を相対評価して、商品ごとの最終的な成績評価平均点を算出することである。手数料や費用という観点では、基本的なLPIAは最も安い選択肢になる傾向がある。組み込まれた保証に保険費用が継続的にかかるために、GLiBが最も高い。SWiPについては、実際の投資対象によって手数料が変わるので、ある程度は投資家次第と言える。その結果、手数料や費用のスコアは他の2つの商品の中間に落ち着く。

図10.1を見て、各商品の各特性に付けられたスコアを単純に足して総合点を出してみよう。総合点が3つとも同じになるのは偶然ではない。ここで言いたいのは、経済的な見方をすれば、3つの商品はどれもイコールであることだ。それぞれが、リスク管理特性や目標実現特性のいくつかを諦めることで、別の有益な利点を提供しているのである。つまり、ある商品は長生きリスクをヘッジする代わりに、承継や流動性といった目標を犠牲にし、別の商品は保証を通じて安心を提供する代わりに、手数料を高くしているわけである。

図10.2は、リタイア後インカムの問題をわかりやすく表したものである。さまざまな商品に、大切な退職資産をどう配分すればよいか？ 体系的引出サービス(SWiP)は、大きな流動性と自由裁量を提供するが、持続可能性については

その限りではない。対照的に、即時年金や終身年金（LPIA）は100％持続するが、それは流動性や遺産、自由裁量を犠牲にして提供されているものだ。最後に、最新世代の生存給付保証特約（GLiB）の付いた変額年金は、大きな自由裁量と持続可能性を提供するが、明らかに高額で、他の2つの商品と比べて手数料が高い。さて、あなたならどうやって最適配分を決めますか？

　退職資産の最適配分を決めるには、私が開発したPrARI®という方法論が役に立つ。PrARI®を的確に実施するためには、いくつかの入力変数が必要である。たとえば退職年齢、推定退職資産、希望の引き出し率、すでに保有している年金や社会保障などが、プランニングを行う上で必要になる。これらの要素を組み合わせることによって人それぞれのリタイア持続可能性指数（RSQ）、つまり支出戦略が持続可能で、資産が枯渇しない確率が求められる。同様に、期待割引遺産（EDB）、つまり遺産になる可能性のある金額の現在価値も

図10.2　退職資産を3つに分ける：どうやって判断しよう

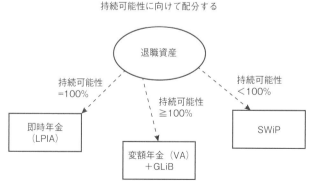

出所）ミレブスキーとIFIDセンター、2012年

わかる。商品配分を変えればRSQとEDBも変化し、図10.3にあるように、横軸にRSQ、縦軸にEDBをおくと、有効フロンティアのような曲線が描かれる。

最後に、フロンティア上で最適なリタイア商品配分を選ぶために、あなたの優先事項を評価する。適切な商品配分を特定しようとする場合、手引きとなる指針はどんな商品配分にも必然的に含まれている経済的なトレードオフである。すなわち、自分のための保証と相続人のための保証の折り合いということになる。

表10.1は、望ましいリタイア後インカムの保証水準と、大切な家族への遺産のバランスによって決まる、3つの商品カテゴリーへの実際の「最適な」配分を示している。たとえば、退職資産が10万ドルで、毎年5200ドルをインフレ調整

図10.3　リタイア後インカム・フロンティア

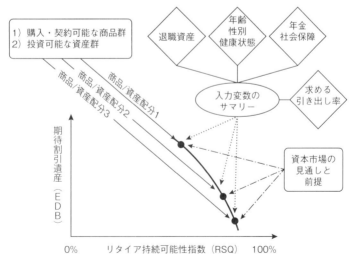

出所）ミレブスキーとIFIDセンター、2012年

しながら引き出すとしよう。これを実質引き出し率に直すと5.2%になり、持続することが確実に保証されているわけではないが、合理的ではある。ここで「合理的」というのは、リタイア持続可能性指数（RSQ）が85%から95%の範囲にあるという意味である。生存給付保証特約（GLiB）や終身年金（LPIA）の要素を持っている商品により多く配分すれば、RSQは高くなる。

言うまでもなく、「持続可能性」を高める代償は、「承継」の目標を部分的に犠牲にしなければならないことである。SWiPに18.9%しか配分せず、残りはLPIAに29.1%、GLiB付きの変額年金に52.0%配分すると、リタイア持続可能性指数（RSQ）は94.5%になるが、期待割引遺産（EDB）は元の資産10万ドルのうち、わずか2万2000ドルにしかならない。これは、リタイア生活のリスクとリターンのトレードオフである。望ましいリタイア後インカムの保証と持続可能性を高めることもできるが、その代わりにあなたの相続人や受益者

表10.1　商品配分：より専門的な見方（引き出し率5.2%、インフレ調整後）

LPIA（終身年金）	GLiB（生存給付保証特約）	SWiP（体系的引出サービス）	リタイア持続可能性指数（RSQ）	期待割引遺産（EDB）
29.1%	52.0%	18.9%	94.45%	22,000ドル
23.9%	51.8%	24.3%	92.84%	23,000ドル
18.6%	51.6%	29.8%	91.23%	24,000ドル
13.3%	51.4%	35.3%	89.63%	25,000ドル
8.1%	51.2%	40.8%	88.02%	26,000ドル
2.8%	51.0%	46.2%	86.41%	27,000ドル
0.0%	37.2%	62.9%	84.63%	28,000ドル

前提）無リスク金利3%、株式に100%配分、株式の期待リターンは7%、標準偏差は18%。GLiBの保険手数料は1.3%、LPIAの契約初期費用は7%
出所）ミレブスキーとQWeMA Group、2012年

の犠牲を招くことになる。もし次の世代にできるだけ遺したいと思えば、明らかに（費用が高く、後戻りできない）個人年金商品を避けるべきである。逆に、まずは持続可能性を最大化し、残ったお金を遺産にするつもりなら、個人年金商品への配分を大きくした方がいい。

　生命保険もまた、遺産の価値を最大化する役割を果たす。もしリタイアした人が十分に裕福で、引き出し率に関係なく退職資産を残せそうなら、少なくとも資産承継という目的のためには、生命保険が最適ポートフォリオの一部に入る可能性は高い。同様に、リバースモーゲージやホーム・エクイティ・ローン（訳注：家を担保としたローン）といった形式の個人負債もまさに、たとえそれがライフサイクルの最後の方だったとしても、健全な商品配分メニューにもう１品付け加える役割を果たしている。それ以外に最適リタイア・ポートフォリオに入ってくるであろう商品には、長期介護保険がある。これもまた、賢明な慎重なリスク管理戦略の一部である。

保証が人をさらに快適にさせる

　ここまではどちらかというと、理論上のモデルとプロセスを使って、人がどのようにリタイア商品や個人年金、保険特約について意思決定するかを論じてきた。だが、投資家やリタイア予備軍が実際に何をしているか見ることは常に興味をそそられるから、本章を終えるにあたって、商品配分や資産配分という問題に直面したとき、人々が現実にどんな行動をとっているかを簡単に紹介することにしよう。

　リムラ・インターナショナル社の親切なはからいで、（も

ちろん、匿名だが）変額年金契約者を対象にした巨大なデータベースを詳細に分析した結果、いくつか説得力ある証拠を見つけることができた。1つは、生存給付保証特約（GLiB）を購入した投資家には、保証を手に入れたという意識があるせいだろう、自信をもって投資行動を変更する者が少なくないことがわかった。この保険を持っているというだけで、彼らはより大きな株式市場リスクを無条件に受け入れている。このことが長期的に見て、こうした特約のマーケットや利用価値、値付けにどう影響するかはいまのところわかっていない。

　我々は大学院生とともに変額年金契約者の全資産配分を検討し、彼らの投資資産配分をリスクありとリスクなしの2つ

図10.4　私は高望みしようとしている

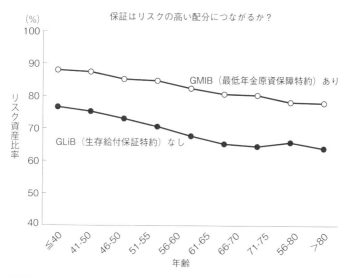

出所）M. Milevsky and V. Kyrychenko, "Portfolio Choice with Puts: Evidence from Variable Annuities." Financial Analysts Journal, 2008.

の異なるカテゴリーに分類した。年齢や選択した保証（特約）の種類によって、これらの配分がどのように変わるかは興味深い。我々に関心があるのは以下の問いである——年配の契約者はリスクのある資産クラスへの配分が少ないか？　若い契約者はリスクの高い資産クラスを持っているか？　それは各種の保険特約や保証の選び方で変化するのか？　図10.4は、保険会社の1つを分析して得た主な結果を図示したものである。

　横軸は保険契約者が変額年金を契約した時点の年齢で、左端の40歳以下から右端の80歳超まで表示してある。縦軸は、株式中心のファンドや不動産、外国投資といった、リスクが高いか中程度の投資先に配分した割合の平均である。

　見てのとおり、年配の投資家は変額年金を契約するにあたり、リスクの高い特別勘定ファンドへの配分を少なくする傾向がある（訳注：図中の線が右下がりになっている）。これは人の直感や、経済学者が投資のライフサイクル理論と呼んでいるものとほぼ一致している。

　もう1つの発見は、通常より大きい保護機能がある生存給付保証特約（GLiB）を持っていない場合は、変額年金口座のリスク資産比率は低くなり、一般的なケースと比べると10～30％ポイント下がることだ。これは大変興味深い結果だと思う。

　別の言い方をすれば、10万人以上の契約者のうちおよそ半分が、生前給付のない変額年金を買っており、こういったケースでは、特約を付けた（その分の費用も払った）契約に比べて、リスク資産比率はかなり低くなっている。

　これが意外な結果かと言えば、必ずしもそうではない。GLiBがある種の心地よさを提供し、投資家がリスクを受け

入れやすくなることは、多くのアドバイザーも同意するはずだ。これほどの数の例がその事実を裏付けており、この効果の大きさを推定する助けになっている。

　GLiBの選択がより高いリスク資産比率に結びつく傾向は、我々が分析したすべての保険会社にあてはまる。これは1社や2社、あるいは特定のGLiBや、1つの保険会社の資産配分制約が起こした偶然の出来事ではないのだ。

　積極的に株式に配分している個人は本来、債券系の商品と比べて、長期的に見れば勝ち組の資産クラスである株式市場に対するエクスポージャーが高い。これによって得られる超過リターンは、保護を受けるために払う必要のある少し高めの手数料を相殺するだろう。ちょっと突飛な考え方をすれば、「GLiBは自分で自分の費用を賄うセラピストである」と言ってもいいかもしれない。

　心理学の話はさておき、当然あなたは疑問を持つだろう。これほど高いリスクを取るのは、理論的にも正しいのだろうか、と。その疑問に対しては、確信を持って「イエス」と言える。だいたい、もし株式プットオプション（これがポートフォリオに掛けるある種の保険であることを思い出してほしい）が与えられた場合、それを買う以外の行動を取るだろうか？　見方を変えて言えば、長期的には保護が必要になることがほとんどないポートフォリオに対して、なぜわざわざ保護を気にしたり保険を掛けたりするのか？　もしポートフォリオの中で債券や固定利付商品を持ちたいと考えているなら、有用な保護機能や、保険に払ったお金を無駄にしないために、そうした低リスク商品はほかの口座で持つべきだ。

　同じ流れで、GLiB付きの変額年金が資産配分全体では実際に「債券の代わり」として扱うことができると主張する人

もいる。彼らは、VAとGLiBのセットを債券と見なすことさえしている。これについては、私は異論を唱えたい。思い出してほしいのは、好きなときにお金を出し入れした場合、必ず引き出し手数料がかかり、全額が戻ってくるまでに（長期間）待たなければならないことだ。場合によっては、この種の商品で宣伝されている保証リターンを得るまでに、数十年も待つ必要がある。これは従来型の債券とは大きく異なる。

　繰り返しになるが、株式プットオプションが与えられることで、投資家は自信を持って株式の市場リスクを取ることができるようになる。それは債券のたぐいにはできないことだ。これはまったく別の商品クラスなのだ。債券でも株式でもなく、バランスファンドでもない、新しいカテゴリーなのである。

少なくともここは理解しよう

　本章にはさまざまな異なる糸を織り込んできたが、最も訴えたい実用的なポイントは、リタイアした人はほとんどの場合、従来型の商品クラス1つか2つ、普通の投信、あるいは一般的な個人年金だけでは持続可能なリタイア後インカムを賄うことができないということだ。これは、自分で行った広範囲にわたる分析と、大学などの尊敬すべき同僚の見解からの結論だ。実際の話、個人のリタイア持続可能性指数（RSQ）を最大化させるには、個人年金や投信、保証付きの変額年金などあらゆる商品カテゴリーをさまざまに組み合わせる必要がある。リタイアが近づくにつれ、自分のニーズや実現可能な承継の目標が前よりよくわかってくるはずだ。それぞれのリタイア後リスクと、遺産に対する希望が釣り合う

ちょうど良い比率を決めるのは本人とアドバイザーに任せることにしよう。端的に言えば、リタイア後インカムはオール・オア・ナッシングではないし、今やらなければ永遠に手に入らないといった極端なものではない。商品を分散し、時間を分散しよう。

まとめ

* リタイアしたら、さまざまなリタイア後のリスクから守ってくれる商品に分散したポートフォリオを作るよう努めるべきである。税制優遇かどうかを問わず、一部を401（k）や403（b）[2]、IRAなどの退職貯蓄口座に投じ、確定か変額か、即時払いか据え置きかに関係なく、何らかの個人年金にも資産をきちんと配分し、「死亡率による利益」もいくらか享受しよう。
* 資産形成段階では、資産配分は人が投資において向き合う最も重要な意思決定である。何であれ単一の資産クラスや経済部門、業種に大切な退職資産を配分しすぎれば、その先に必ず失望が待っている。資産を分散しよう。ただし、リタイア後インカムを得る段階では、商品配分がもっと重要になる。
* この章で説明したPrARI®という方法論は、幅広い投資の選択肢にリタイア生活のための資産をどう配分し、投入するかを、個人とそのアドバイザーが理解し、意思決定する助けとなる。このプロセスは場当たり的であってはならない。あなたの退職後の商品配分に妥当な根拠があることを確認しよう。
* 金融資産に対する3つのリスク全部に1つの商品で対応す

ることはできない。それでも、金融商品を分散させることでリスクを減らし、リタイア生活を持続する可能性を劇的に向上させることができる。

章末注

この章は、ファイナンシャル・アドバイザー、保険実務者、多くのリタイアした人とここ数年にわたって広範囲に議論したことから大きな影響を受けている。リタイアにおいて商品配分が重要であるという私の考えに磨きをかける助けとなっており、とても感謝している。変額年金の資産配分における統計的な分析と議論についてもっと詳しく知りたければ、Milevsky and Kyrychenko (2008) にある。Ameriks, Veres, and Warshawsky (2001) の論文は、持続可能性を増すためにリタイア後インカムを作るポートフォリオにいくらか基本的な個人年金を含めるべきであるという主張を行った初期の研究の一つである。

リタイア後インカムを作るポートフォリオにおける個人年金の役割と重要性は、Brown, Mitchell, Poterba, and Warshawsky (2001) の著書で詳しく述べられている。Chen and Milevsky (2003) のペーパーで、特許取得済みの商品配分モデルの基本が形成されている。このモデルは、個人が、効用という経済学的な概念を使って即時年金と伝統的な投資商品間の配分を決める助けとなる。過度に専門的な、あるいは高度な数学が必要になるため、前の章にある通り、学術論文の引用や紹介は避けてきた。この章で、GLiBを含む3つの異なるリタイア後インカム商品を活用した最後の例や事例研究はQWeMAグループのPrARIという方法論を使って算出している。

1 訳注：Product Allocation for Retirement Incomeの略。著者が創業者であるThe QWeMA Group社（現在はCANNEXの一部門）が開発したリタイア向け商品配分の方法論。PrARIは、QWeMAグループの登録商標であり、無断使用が禁じられている。
2 訳注：公立学校の教職員やNPO職員などに向けた退職プラン

［日本の読者への補足説明］

　リタイア後を支えるという課題は、一つの商品で解決することは難しく、ニーズに合わせて商品を選ぶことが大切です。本章のような研究は日本ではまだなされていないでしょうし、米国と同じ商品が入手できるわけではないため、この章の主張が直接使えるわけでもありません。

　しかし、それぞれの商品の特徴や機能をよく理解し、ニーズに合わせて組み合わせる、ということだけは覚えてください。備えるべきは、「長生き」「インフレ」「リターンの順序」の3つのリスクであり、また、これに家族に遺すというニーズも加えて考える必要があります。

　本章では、行動バイアスによるミスを減らすための工夫も取り上げています。人間が合理的であればポートフォリオ理論などの「合理的な」理論やそれに基づく提案、資産管理アプローチが有効になりますが、一方で、昔から人は合理的でない一面も持っていて、あまり好ましくない経済行動、投資行動を取ってしまいがちです。行動バイアスについては、『ゴールベース資産管理入門』（日本経済新聞出版社、2016年）、『行動ファイナンスで読み解く投資の科学—"お金は感情で動く"は本当か—』（東洋経済新報社、2009年）などをご覧いただきたいのですが、リタイア後に備え、また持続可能なものにするためには、できるだけ「行動バイアス」によるミスを抑える必要もあります。さらに、金融ジェロントロジーで言われているように、長寿化によって認知機能（判断能力）が低下し、資産運用の判断が難しくなっていくことも考える必要があります。近年、この行動バイアスをうまく活用してミスを減らす「ナッジ」という考え方も使われてきており、自動化したり事前にルールを決めたりするのは、とて

も効果的なアプローチです。

　そのためにも、**図10.1**のような、各商品が提供する機能の比較、**図10.2**の商品組み合わせのイメージを持ち、活用してみましょう。

Chapter 11: Conclusion: Plan for Managing Your Retirement Risk

第11章
おわりに──リタイアのリスクを管理するためのプラン

シカゴ大学のリチャード・セイラー教授（訳注：2017年のノーベル経済学賞を受賞）とUCLAのシェロモ・ベナルチ教授は、人が日常生活の中で犯すお金に関するミスや失敗の研究にキャリアの大半を費やしてきた。どうやら賢明な人でさえ、そうしたことには免疫がないらしい。消費者は数学的厳密さに基づいて最適な意思決定を行う冷徹な計算機ではなく、むしろ金融に関する意思決定の際に、時に道を誤らせるような単純な一般的ルールを用いることが多いと考えるのが行動ファイナンスで、この2人はこの分野の初期のリーダーなのだ。

　彼らが発見したとんでもない行動論的な「罪」の1つは、極めて多くの米国人が401（k）プランはもとより通常の投資資金まで、自分の勤める会社の株式に配分してしまう傾向があることだ。なんと500万以上の米国人が、退職資産のうち60％以上を自分の勤める会社の株に投資していた。**表11.1**に示した何社かの従業員の投資行動を見ると、この分散不足がよくわかる。注目すべきは、これが悪名高いエンロンやワールドコムの事件が起きて、そうした近視眼的な戦略には壊滅的なリスクがあることを従業員が知った後の話である点だ。また、米国人には自分が慣れ親しんだ業種に不釣り合いに多く投資する傾向もある。**表11.2**から、自分が働いている業界に過剰に投資しているのが見て取れる。さらに驚くのは、同じ従業員に対して現在行われている調査やフォーカス・グループ・インタビューを見ても、彼らがこの傾向をまったく問題と思っていないことだ。彼らは、投資対象に注意を払い続けることができるという理由で、「自分がよく知っていることに投資する」のが正常で健全であると考えている。マーケットや、彼らが保有し勤務している企業の株式パ

フォーマンスを予測する専門家より先を読む能力を従業員は持っているという主張には全く根拠がないのが事実で、つまりこの楽観主義にはまったく現実性がない。

本書全体を通して私が一番伝えたかったのは、こうしたリスクの高い行動を取る500万の米国人の多くは完全に間違っているということである。彼らは自分の人的資本と金融資産を同じ籠に入れるという誤った投資をしており、リタイア生活を危険にさらしている。どうやら、個人がさまざまなリスクのバランスを取りながら、人的資本と金融資産のリスクとリターン特性を正しく考えるようになるまでには長い道のり

表11.1 あなたは勤務先企業の株か？

以下の企業の従業員は……	自社株を以下の割合で401(k)資産に入れている
コカ・コーラ	51%
GE	42%
ジョンソン・エンド・ジョンソン	28%
マクドナルド	45%
ターゲット（米小売り）	42%

出所）Pensions and investmentsよりフォーブス誌が2010年8月30日に引用のまま

表11.2 あなたがよく知っているものへの投資

	投資配分				
職業／業種	金融サービス	IT	ヘルスケア	エンジニア	パイロット
金融サービス	15.4%	5.1%	8.5%	7.7%	8.4%
IT	9.7%	21.0%	8.8%	13.3%	11.8%
ヘルスケア	1.4%	1.7%	3.3%	1.9%	2.0%
エンジニア	10.9%	11.0%	8.1%	16.9%	10.1%
パイロット	1%未満	1.0%	1%未満	1.0%	7.3%

出所）R. Gerhardt, "The Influence of Investors' Jobs on Portfolios: Is there a Job Industry Bias?" 2008

があるらしい。できれば、本書がその道のりをたどる助けになってほしいと思う。あなたの401（k）はあくまで保有している資産の額であって年金ではないことを思い出してほしい。最終的に年金に転換できるよう退職資産を管理し増やしていけるかどうかは、あなた次第である。

そこで、この最終章では各章のテーマを振り返り、ここまで論じてきたすべてのツールを使って、適切なリタイアメントプランを立てる方法を説明してまとめとしたい。

■目標はリタイア後インカムの計画を立てることだ

私はトロントのヨーク大学で、3年生と4年生を対象にした12週間の「パーソナル・フィナンシャル・プランニング」の講座を担当している。私は1学期全部を使って、生まれてから死ぬまでのライフサイクル全体に関わるお金の問題を論じている。最初の数週間は、かなりの時間をこの先必要なお金や資金繰り、クレジットカード負債の管理、学生ローン対策などに費やす。こうした初めの頃の講義は、通常、全員が出席して、熱心に聞いてもらえる。実際、履修登録はしていないが、「オートリースは車を買うより本当に良いか」とか、「自分で投資できるコスト意識の高い人には、ETFがインデックス・ファンドより向いているか」というようなことを知りたがっている、この分野に関心の高い学生のために定員を超すことさえある。第4章の「年齢と職業に応じたローンの勧め」で説明したとおり負債は効果的なこともあると説くと、彼らは驚いた表情になる。そして、人的資本には価値があり、ヘッジしたり保険を掛けたりする資産クラスとして扱うべきだという私のメッセージにすっかり同意してくれる。

彼らは、第2章「生命保険は人的資本をヘッジする」で紹介した生命保険の話題にさえ関心を示すが、それはこの年代が持つ死に対する好奇心のせいかもしれない。

そして学期後半に近づいた8週から9週目のあたりでは、年金やリタイア後インカムのプランニングについて話をする。ここでは、第9章「個人年金」で紹介した個人年金について、高齢化する人口動態と合わせて話す。そうなる頃には——認めるのは残念なのだが——出席率は上々とはとても言えなくなる。履修登録した学生の6割が来ればよい方で、わざわざ出席しても多くの学生がメールやSNSで時間をつぶしている。承継プランニングを扱う頃になるとさらに出席率が悪化する。半分冗談だが、もしあなたに人のために働けるだけの余分なエネルギーがあって、難題に挑む気持ちがあるなら、月曜日の朝早くにティーンエイジャーの一団に社会保障給付の計算の仕方を教えてみてはいかがだろう。

率直に言って、私には学生を非難できない。まだ若く、リタイア後インカム・プランニングに関心がないだけだからだ。彼らにすれば40年も先のことで、永遠にも等しいと感じるものも多いだろう。学生たちは望みの仕事を見つけ、学生ローンを返済し、できればいくらか貯蓄したいと考えている。家を買うことさえ縁遠い話題だろう。年金は彼らの経験の領域外にあるものだ。

ところが、学生の親や祖父母と交流する機会があると、状況は一変する。私が個人年金やリタイア後インカム・プランニングについて教え、研究していることを話すと、カクテル・パーティーに参加しているただ1人の医者になったように感じる。誰もが無料のアドバイスを求めてくるのだ。

実のところ、自分の年金問題への関心は大学の研究仲間に

も広がっている。リタイア年齢が近くなると、年金プランに加入している者は1人残らず、一時金で受け取って自分で管理・運用するか、お金をそのままプランに残して月々のインカムを受け取るかを決めなければならない。私がこの問題について「何か知っている」のを同僚の多くが聞きつけ、重大な決断の時期が近づくと、生物や化学、工学の教授が次々と私の部屋を訪ねてくる。彼らは、自分に良い結果が返ってきてほしいと思って、お金を受け取って自分で運用すべきかどうか迷っている（面白いことに、人文系の教授はあまり来ない。なぜかはわからないが）。

とはいえ、年金の問題は人口動態（長寿高齢化）のことだけではない。「確定給付年金（DB）と確定拠出年金（DC）の、どちらの退職年金を持つべきか」と学生に質問すると、たいていの者がDCプランを選ぶ。そして、かなり説得力のある論拠を持ち出して自分の判断の正当性を主張する者もいる。彼らは、人生の中で何度か転職する可能性があることを指摘する。さらには米国外で、少なくとも違う業種で働く者もいるかもしれない。これから30年間同じ会社に勤めるものと信じている（あるいは夢見ている）者は、いたとしてもごくわずかだ。従って、彼らに必要なのは転職の際に持って動ける、柔軟性のある退職貯蓄なのだ。悲しいかな、勤務年数と最終給与に基づいて給付金額を決める厳密なルールが定まっているDBプランは、彼らにはあまり意味がない。そんなものは過去の産業界の遺物である。これほど多くの従業員が401（k）やIRAプランに満足している理由は実際のところそこにある。雇用主の責任はただ1つ、従業員の年収の5%から10%を退職貯蓄口座に拠出することで、従業員が残りのすべてに責任を持つ。従業員がリスクを取ってリターン

を得る。

　「はじめに」で紹介した年金プランを変更した企業の数が、この考え方が正しいことを裏付けている。DB年金を凍結、ないしは転換してDCプランに置き換えた企業の多くがそうしたのは、従業員からの要望に応えた部分もあった。

　なおかつ、第7章「長生きは喜ぶべきことであると同時に、リスクでもある」で論じたとおり、高齢化がますます進むなか、年金とリタイア後インカムの問題は重要性を増すばかりである。リタイアした人は、若い頃にはあまり関係のなかった、その年代に特有のさまざまな金融リスクに向き合わなければならないことを思い出してほしい。第7章で説明したように、リタイアした人は、これからどれぐらい生きて、どれぐらいお金がかかるのかはっきりわからないという「長生きリスク」に直面している。また、第5章「個人のインフレとリタイア後の生活費」で示したデータにあるように、年代に特有のインフレリスクも抱えている。さらには「リターンの順序リスク」と呼ばれる、特殊な金融市場リスクにも対処しなければならない。そうしたリスクはどれも初めて体験する、以前のリスクとは性質が異なるものなので、当然、異な

表11.3 高齢者における長寿保険が付いたインカムの占める割合

死ぬまで尽きることはないか？（米国平均）

年齢層	2004年のインカム中
65-69歳	49.90%
70-74	62.40%
75-79	70.40%
80-84	75.10%
85〜	80.10%

社会保障、公的年金、個人年金を、長寿保険が付いたインカムとする
出所）従業員給付研究所 2006年

った戦略が必要になる。

表11.3で示したように、85歳以上の人が受け取るインカムの約80%は長寿保険がついている。月々のインカムのうち残りの20%は、命が尽きる前に枯渇してしまうかもしれない。もっと若ければ、長寿保険が付いたインカムの占める割合はもっと低くなる。

最後に：あなた自身のバランスシートを作り、それを守ろう

金銭面での究極のゴールは、リタイア前後を通じてきちんと準備し、資産を積み上げ、持続可能なインカムの源泉を作ることであるべきだ。この旅は10代に始まり、20代前半は自身の人的資本を形成することに当てる。人生のこの段階には、大学の専攻やその後のキャリア選択も入る。あなたの人生の金銭面ではそれが最も大切な意思決定になる。なぜなら、あなたの人的資本は、リタイアまであなたのバランスシートの大半を占めるからだ。

表11.4は大学の専攻を選ぶことの重要性を示している。働き始めた年は、教育の投資リターン（ROI）は当然マイナスである。けれども、5年経つと、表にあるすべての専門職で、公選弁護人を除けば年率ROIはプラスになる。このデータから面白いことがわかる。医者やプログラマーなど、より収入の高い技術職は、予想どおりソーシャルワーカーや弁護士補助員よりも高いリターンを得ている。ところが、法律の学位（法学博士〔JD〕）を持っている人は、教育費に対してマイナスのリターンになっている。教育に25万ドル（2500万〜3000万円）以上も投じて価値ある人的資本の源泉を確保したのに、なぜROIがマイナスになるのだろうか？　そ

れは、選択した専門分野によって人的資本の評価が変わるからだろう。政府に雇われる公選弁護士は、法人顧問弁護士に比べて稼ぎが少ないのは意外ではない。従って、自分の人的資本の価値は教育の水準だけでなく、人的資本として選んだキャリアパスにも左右されることをしっかり意識しなければならない。

　人的資本を形成したら、次のゴールはそれを守ることである。まだ若くて、多くの扶養家族がいるときに基本的な生命保険を買うのは、自分が築いた少なからぬ人的資本をヘッジする、賢明なやり方である。反対に退職したら、死ぬ前に金融資産が枯渇することをヘッジしたいはずである。これには長寿保険や終身年金が適している。

　年齢を重ねると人的資本の価値は減り始めるので、できれば十分な額を金融資産に変換したいところだ。人的資本、金

表11.4 あなたの学位にはどれだけの価値があるか？

専門分野	学位取得にかかる費用	初年度ROI	5年間のROI（年率）	もとが取れるまでの年数
医者（MD／医学士）	296,768ドル	−52%	18.9%	2.1
ソフトウエア技術者（理学士）	109,172ドル	−57%	16.4%	2.3
公認看護師（理学士）	109,172ドル	−65%	12.0%	2.8
会計士（理学士）	109,172ドル	−70%	8.7%	3.3
ソーシャルワーカー（理学士）	109,172ドル	−73%	6.0%	3.7
弁護士補助員（文学士）	109,172ドル	−74%	5.7%	3.8
公選弁護人（JD／法務博士）	259,172ドル	−84%	−4.4%	6.3

出所）Citi Student Loans

融資産のどちらについても、心にとどめるべき正しい原則は分散である。**表11.1**と**表11.2**でわかるとおり、米国人は自分の金融資産を、自分が働いている業界や会社に投資しがちである。これは正しい分散投資戦略ではない。そうする代わりに、資本をさまざまな投資対象、業界、商品に分散すべきである。配分戦略の1つは、あなたの人的資本がどれぐらい株式、あるいは債券に似ているかによって決まる。もしあなたの仕事が株式市場に密接にリンクしているなら、あなたの将来の収入（つまりあなたの人的資本）は、株式市場の変動に大きな影響を受ける。従って、リスクを減らして十分な分散を行うには、あなたの金融資産は債券か短期金融市場に投資すべきである。時間と場所の分散――つまり、マーケット・タイミングを取りに行くのではなく長期で投資し、他のものと独立している投資先に投資すること――もリスクを減らす大きな助けになることを覚えておいてほしい。

　我々はどんな犠牲を払っても借金は避けるべきだとしつけられてきたが（特に世界金融不況が起こったすぐ後ではそうだが）、実は負債は有用で、あなたのバランスシートを作る助けにもなることを論じてきた。たとえば2010年には大学を卒業した人の2/3がローンを抱えており、その平均は2万5250ドル（約300万円）だった。学生は高等教育を受けることで、人的資本を成長させ負債の価値を最大限に高めることができる（卒業した後に雇用されると仮定してだが）。また、もしあなたの人的資本が債券に似ているなら、債券を過剰に保有しているのと同じ意味になり、債券を売るのと同じ役割を果たすレバレッジ（訳注：借り入れによる株式への投資。詳しくは第4章を参照のこと）が賢い分散投資につながるだろう。負債にはいろいろな効用があるが、常に注意を払う必

要がある。なぜなら、レバレッジが悪い方に働くと惨憺たる結果になりかねないからだ。

　それなりの金融資産を作った後は、そこに生じるいくつかのリスクを認識しておくことが肝心である。まず、インフレが主たる懸念になる。もし金融資産のリターンがインフレ率を上回らなければ、資産の実質価値はゆっくり損なわれていく。リタイア後は、インフレとともに成長する人的資本をもはや持っていないため、その影響はさらに大きくなる。あなたのバランスシートは既にほとんどが金融資産になっていて、平均的な給与所得者のものよりインフレの影響を受けやすい。米国では、CPI-E（高齢者消費者物価指数）が、もっと対象を広げたCPI-U（都市部消費者物価指数）やCPI-W（勤労者消費者物価指数）を上回る傾向があるのを思い出してほしい。

　インフレに加えて、リタイアした人の金融資産はマーケットの変動、特にリターンの順序リスクの影響も受ける。もしあなたが退職資産を定期的に取り崩していたり、リタイア後すぐに不運なマイナスリターンを食らったりすれば、退職資産は期待より早く尽きてしまうだろう。

　懸念すべき最後のリスクは、長生きである。平均寿命は着実に伸びており、90代まで生きる可能性も高くなっている。リタイア後、バランスシートに金融資産しか残っていない場合は、残りの人生が終わるまで退職資産が続くかどうかを心配して当然だろう。

　これらのリスクを考え合わせれば、あなたは自分の金融資産を持続可能なリタイア後インカムに換えられるように管理する必要がある。一生の間に人的資本をより多くの金融資産に転換できれば、私が「リタイア破産」と呼ぶリスクを減ら

すことができるはずだ。あなたのリタイアプランが持続可能かどうかを判断するには、モンテカルロ法というコンピューター・アルゴリズムで長生きとマーケットの動きを同時にシミュレーションしてみるのもいい。そうすることが、あなたの退職資産が持続可能かどうか判断する良いヒントになる。もし退職資産がリタイア生活を持続させるのに不十分であることがわかれば、退職を遅らせたり、希望していた消費水準を見直したり、自分のリスク特性を再評価したりすべきである。

こうしたリスクに対する防御は、個人年金を使うことでも可能である。個人年金は、インフレやリターンの順序リスク、不確かな寿命からあなたの金融資産を守ってくれる。さまざまな金融商品を使うことでこれらの目標を達成できる。何があなたに合っているかは、流動性、行動バイアスに対する「自制」、それに、相続人にどれだけ財産を残すつもりかという「あなたのゴール」によって決まる。

金融危機はリタイアプランを複雑にし、多くの米国人のバランスシートに大混乱をもたらした。最初の章で見たとおり、金融危機の間に資産は10.7％減り、一方で負債は7.5％増え、純資産の23.4％が失われた。これによって、多くのリタイアした人がリタイア後インカムの持続可能性を危険にさらすことになった。

世界金融不況はまた、金融資産に付き物のリスクを一層悪化させた。実質リターンがマイナスになることで、インフレはこれまで以上に脅威となり、リターンの順序リスクは最近の弱気相場でさらに厳しさを増し、さらに平均寿命の伸びによって長生きリスクも増している。それでも金融危機からは、分散投資の重要性や過剰なレバレッジの危険性といった

いくつかの教訓が得られた。

　あなたの金融資産も世界金融不況の影響を受けているのだろうが、金融資産はあなたの純資産のほんの一部であることを忘れてはならない。あなたのバランスシートは、金融危機による傷が比較的浅いことが明らかになった人的資本からも構成されている。あなたは自分が思っているよりも豊かなのだ！

　最低限すべきことは、自分の人的資本と金融資産の両方を守ることだ。分散投資、生命保険、個人年金、そしていくらかの負債、これらすべてが、あなたの目標達成の助けとなる。ただしどんな行動を取るにせよ、その前にまず自分自身に問わなければいけない。「私は株か、債券か？」と。

参考文献

　リタイア後インカム・プランニング、人的資本の投資、この本で紹介されているそのほかのアイディアについてもっと詳しく知りたければ、著者のウェブサイト（www.MosheMilevsky.com）を見るか、後述の参考文献のいくつかに当たっていただきたい。
　比較的わかりやすい（つまり数式が無いような）論文や書籍を選んだつもりである。

- Aaron, Henry J., editor (1999), Behavioral Dimensions of Retirement Economics, Brookings Institution Press, Washington.
- Ameriks, John, R. Veres and M. J. Warshawsky (2001), "Making Retirement Income Last a Lifetime," Journal of Financial Planning, December, Article 6 (www.journalfp.net).
- Baldwin, Ben G. (1994), The New Life Insurance Investment Advisor (revised edition), McGraw-Hill, New York.
- Bazerman, Max H. (1999), Smart Money Decisions: Why You Do What You Do with Money (And How to Change for the Better), John Wiley and Sons, Inc.
- Becker, Gary S. (1993), Human Capital: A Theoretical and Empirical Analysis with Special Reference to Education, 3rd edition, University of Chicago Press.
　邦訳『人的資本――教育を中心とした理論的・経験的分析』（佐野陽子訳、東洋経済新報社、1976年）
- Belsky, Gary and Tom Gilovich (1999), Why Smart People Make Big Money Mistakes and How to Correct Them: Lessons from the New Science of Behavioral Economics, Simon & Schuster, New York.
　邦訳『お金で失敗しない人たちの賢い習慣と考え方』（鬼澤忍訳、日本経済新聞出版社; 増補改訂版、2011年）
- Benartzi, Shlomo and Richard H. Thaler (2007), "Heuristics and Biases in Retirement Savings Behavior," The Journal of Economic Perspectives, Vol. 21 (3) : 81-104.
- Bengen, W. P. (2001), "Conserving Client Portfolios During Retirement," Journal of Financial Planning, May, Article 14, (www.journalfp.net).
- Bernstein, Peter L. (1992), Capital Ideas: The Improbable Origins of Modern Wall Street, The Free Press, New York.
　邦訳『証券投資の思想革命――ウォール街を変えたノーベル賞経済学者たち』（青山護訳、東洋経済新報社; 普及版、2006年）
- Bodie, Zvi, Robert C. Merton, and William F. Samuelson (1992), "Labor Supply Flexibility and Portfolio Choice in a Life Cycle Model," Journal of Economic Dynamics and Control, Vol.16 (3) : 327-449.
- Bodie, Zvi and Michael J. Clowes (2003), Worry-Free Investing: A Safe Approach to Achieving Your Lifetime Financial Goals, Financial Times/Prentice Hall Books.

- Brown, Jeff R., Olivia S. Mitchell, James M. Poterba, and Mark J. Warshawsky (2001), The Role of Annuity Markets in Financing Retirement, The MIT Press, Cambridge, Massachusetts.
- Campbell, John Y. and Martin Feldstein, editors (2001), Risk Aspects of Investment-Based Social Security Reform, National Bureau of Economic Research, University of Chicago Press.
- Campbell, John and Luis Viceira (2002), Strategic Asset Allocation: Portfolio Choice for Long-term Investors, Oxford University Press, UK.

  邦訳『戦略的アセットアロケーション』(木島正明監訳/野村證券金融経済研究所訳、東洋経済新報社、2005年)
- Chen, Peng and Moshe A. Milevsky (2003), "Merging Asset Allocation and Longevity Insurance: An Optimal Perspective on Payout Annuities," Journal of Financial Planning, June, pp. 64-72.
- Clark, Robert L., Richard V. Burkhauser, Marilyn Moon, Joseph F. Quinn, and Timothy M. Smeeding (2004), The Economics of an Aging Society, Blackwell Publishing, Malden, Massachusetts.
- Eisenberg, Lee (2006), The Number: A Completely Different Way to Think About the Rest of Your Life, Simon & Schuster Adult Publishing Group, New York.
- Evensky, Harold and Deena B. Katz, editors (2004), The Investment Think Tank: Theory, Strategy and Practice for Advisors, Bloomberg Press, Princeton.
- Evensky, Harold and Deena B. Katz, editors (2006), Retirement Income Redesigned: Master Plans for Distribution, Bloomberg Press, Princeton.
- Feinberg, Kenneth R. (2005), What is Life Worth? The Unprecedented Effort to Compensate the Victims of 9/11, PublicAffairs.
- Goetzmann, William N. (1993), "The Single Family Home in the Investment Portfolio," Journal of Real Estate Finance and Economics, Vol. 6: 201-222.
- Graham, Benjamin (2003), The Intelligent Investor (revised edition), with New Commentary by Jason Zweig, HarperCollins.

  邦訳『新賢明なる投資家 上──割安株の見つけ方とバリュー投資を成功させる方法』《改訂版──現代に合わせた注解付き》(増沢和美訳、パンローリング;改訂版、2005年)
- Ho, Kwok, Moshe A. Milevsky, and Chris Robinson (1994), "How to Avoid Outliving Your Money," Canadian Investment Review, Vol. 7 (3): 35-38.
- Ibbotson, Roger, Moshe A. Milevsky, Peng Chen, and Kevin Zhu (2007), Lifetime Financial Advice: Human Capital, Asset Allocation, and Insurance, research monograph, CFA Institute, April 2007.
- Jagannathan, Ravi and Narayan R. Kocherlakota (1996), "Why Should Older People Invest Less in Stocks Than Younger People?" Federal Reserve Bank of Minneapolis Quarterly Review, Summer 1996, Vol. 20 (3): 11-23.
- Kotlikoff, Laurence J. and Scott Burns (2004), The Coming Generational Storm: What You Need to Know About America's Economic Future, The MIT Press, Cambridge, USA.

邦訳『破産する未来──少子高齢化と米国経済』(中川治子訳、日本経済新聞出版社、2005年)
- Lee, Hye K. and Sherman Hanna (1995), "Investment Portfolios and Human Wealth," Financial Counseling and Planning, Vol. 6: 147-152.
- Lleras, Miguel P. (2004), Investing in Human Capital: A Capital Markets Approach to Student Funding, Cambridge University Press, UK.
- Lowenstein, Roger (2005), "We Regret to Inform You That You No Longer Have a Pension," New York Times Magazine, October 30, Section 6.
- Malkiel, Burton G. (2003), A Random Walk Down Wall Street: The Time Tested Strategy for Successful Investing, W.W. Norton and Company, New York.
  邦訳『ウォール街のランダム・ウォーカー〈原著第11版〉──株式投資の不滅の真理』(井出正介訳、日本経済新聞出版社、2016年)
- Markowitz, Harry M. (1991), "Individual Versus Institutional Investing," Financial Services Review, Vol. 1 (1): 9-22.
- Milevsky, Moshe A. (2006), The Calculus of Retirement Income: Financial Models for Pension Annuities and Life Insurance, March 2006, Cambridge University Press.
- Milevsky, Moshe A. (2012), The 7 Most Important Equations for Your Retirement: The Fascinating People and Ideas Behind Planning Your Retirement Income, Wiley & Sons, Toronto.
- Milevsky, Moshe A. and Aron A. Gottesman (2004), Insurance Logic: Risk Management Strategies for Canadians, 2nd Edition, Captus Press, Toronto.
- Milevsky, Moshe A. and Vladyslav Kyrychenko (2008), "Portfolio Choice with Puts: Evidence from Variable Annuities," Financial Analysts Journal, Vol. 64, No. 3.
- Milevsky, Moshe A. and Steven Posner (2001), "The Titanic Option: Valuation of Guaranteed Minimum Death Benefits in Variable Annuities and Mutual Funds," Journal of Risk and Insurance, Vol. 68 (1): 55-79.
- Milevsky, Moshe A. and Thomas S. Salisbury (2006), "Financial Valuation of Guaranteed Minimum Withdrawal Benefits," Insurance: Mathematics and Economics, Vol. 38 (1): 21-38.
- Milevsky, Moshe A. and Keke Song (2010), "Do Markets Like Frozen DB Plans: An Event Study," Journal of Risk and Insurance, Vol 77, No.4, 893-909.
- Mitchell, Olivia and Kent Smetters, editors (2003), The Pension Challenge: Risk Transfers and Retirement Income Security, Oxford University Press, Oxford, UK.
- Modigliani, Franco (1986), "Life Cycle, Individual Thrift and the Wealth of Nations," The American Economic Review, Vol. 76 (3): 297-313.
- Munnell, Alicia and Annika Sunden (2003), Coming Up Short: The Challenge of 401 (k) Plans, Brookings Institution Press.
- Olshansky, Jay and Bruce A. Carnes (2001), The Quest for Immortality: Science at the Frontiers of Aging, W.W. Norton & Company, New York.
  邦訳『長生きするヒトはどこが違うか? 不老と遺伝子のサイエンス』(越智

道雄訳、春秋社、2002年）
- Ostaszewski, K.（2003）, "Is Life Insurance a Human Capital Derivatives Business?" Journal of Insurance Issues, Vol. 26（1）: 1-14.
- Paulson, Henry M.（2010）, On the Brink: Inside the Race to Stop the Collapse of the Global Financial System, Business Plus, New York.
　　邦訳『ポールソン回顧録』（有賀裕子訳、日本経済新聞出版社、2010年）
- Reichenstein, William and Dovalee Dorsett（1995）, Time Diversification Revisited, research monograph, CFA Institute, February 1995.
- Salsbury, Gregory（2006）, But What if I Live? The American Retirement Crisis, The National Underwriter Company, Cincinnati, Ohio.
- Siegel, Jeremy J.（2002）, Stocks for the Long Run: The Definitive Guide to Financial Market Returns and Long-Term Investment Strategies（3rd edition）, McGraw-Hill, New York.
　　邦訳『株式投資 第4版』（林康史／藤野隆太／石川由美子／鍋井里依／宮川修子訳、日経BP社、2009年）
- Sorkin, Andrew R.（2009）, Too Big to Fail: The Inside Story of How Wall Street and Washington Fought to Save the Financial System and Themselves, Viking Penguin, New York.
　　邦訳『リーマンショック・コンフィデンシャル』（加賀山卓朗訳、早川書房、2014年）
- Stevens, Ann H., Douglas L. Miller, Marianne Page, and Mateusz Filipski,（2012）, "Why Do More People Die During Economic Expansions?" Center for Retirement Research at Boston College, No. 12-8.
- Swensen, David F.（2005）, Unconventional Success: A Fundamental Approach to Personal Investment, Free Press, Simon & Schuster, New York.
　　邦訳『イェール大学CFOに学ぶ投資哲学』（瑞穂のりこ訳、日経BP社、2006年）
- Taleb, Nassim N.（2001）, Fooled By Randomness: The Hidden Role of Chance in the Markets and in Life, Texere, New York.
　　邦訳『まぐれ―投資家はなぜ、運を実力と勘違いするのか』（望月衛訳、ダイヤモンド社、2008年）
- Towers, Watson,（2010）, "Prevalence of Retirement Plans by Type in the Fortune 100," Insider, 20（6）.

索引

英数字

401（k）　　18, 20, 89, 120, 277, 282
9/11犠牲者補償基金　　77
ALDA / Advanced Life Delayed Annuity → 高齢繰延終身年金
COLA / cost of living adjusted → 生計費調整
DB / Defined Benefit Pension plan → 確定給付年金
DC / Defined Contribution Pension plan → 確定拠出年金
ETF　　98
FIA / fixed immediate annuity → 定額即時年金
GLiB / guaranteed living income benefits → 生存給付保証特約
GLWB / Guaranteed Living Withdrawal Benefit → 終身引出（総額）保証特約
GMAB / Guaranteed Minimum Accumulation Benefit → 最低累積増額給付保証特約
GMDB / guaranteed minimum death benefit → 最低死亡給付保証特約
GMIB / Guaranteed Minimum Income Benefit → 最低年金原資保証特約
GMWB / Guaranteed Minimum Withdrawal Benefit → 最低引出（総額）保証特約
GMWB fL / Guaranteed Minimum Withdrawal Benefit（for Life）→ 最低引出（総額）保証終身特約
IRA / individual retirement account　　89
LPIA / lifetime pay-out income annuity → 終身年金
RoP / return-of-premium → 払い込み保険料返還
SPIA / single premium immediate annuity → 一時払即時開始年金
SWiP / systematic withdrawal plan → 体系的引出サービス

保険・個人年金のタイプ、特約

一時払即時開始年金 / SPIA　　240, 262
高齢繰延終身年金 / ALDA　　263
最大アニバーサリー保証　　232
最低死亡給付保証特約 / GMDB　　232

最低引出（総額）保証終身特約／GMWB fL　　251
最低引出（総額）保証特約／GMWB　　251, 261
最低年金原資保証特約／GMIB　　251, 262
最低累積増額給付保証特約／GMAB　　261
終身生命保険／whole life insurance　　80
終身年金／LPIA　　262
終身引出（総額）保証特約／GLWB　　253
生計費調整／COLA　　247
生存給付保証特約／GLiB　　253, 262, 263, 269, 273
長期介護保険　　153, 272
長期生命保険／permanent life insurance　　80
定額生命保険／level life insurance　　80
定額即時年金／FIA　　262
定期生命保険／Temporary life insurance　　78
トンチン年金　　243
払い込み保険料返還／RoP　　232
変額年金／VA　　230, 261
ユニバーサル生命保険／universal life insurance　　80

あ行

あなたのインフレ率／CPI-YOU　　154
インカム・アプローチ（保険の）　　74, 75
インカムギャップ　　213
インフレリスク　　96, 150, 259, 291
お金に関する後悔の可能性 目標に届かないリスク　　108, 112
「親」株式会社　　36

か行

確定給付年金／DB　　18, 19, 230, 251, 286
確定拠出年金／DC　　18, 20, 233, 286
「家族」株式会社　　37
　－の金融資産　　41
　－の非金融資産　　43
　－の負債　　45
　－の純資産　　48
株式リスクプレミアム　　224

期待割引遺産／EDB　　269, 271
逆選択　　74, 197, 246
教育費、教育投資　　54, 55, 288
勤労者消費者物価指数／CPI-W　　152, 291
行動バイアス　　266
高齢者消費者物価指数／CPI-E　　151, 152, 260, 291
個人年金　　82, 230
個人年金化　　238, 251
個人年金の利回り　　241
個人のバランスシート　　26, 39, 51, 115, 127, 140
ゴール　　111, 225

さ行

最適資本構成　　128, 143
時間の分散　　109
資産より長生きする確率、資産より長生きする可能性、お金が尽きる確率　　218, 223
支出アプローチ（保険の）　　74, 75
支出戦略の持続可能性　　261
システマティック・リスク、一般市場リスク　　93, 99
「自分」株式会社　　36, 143
死亡率による利益／mortality credit　　239, 243 245, 263, 277
死亡率リスク　　83, 84
自由貨幣　　126
住宅バブル　　137
消費者金融調査　　39
消費者物価指数
　　－勤労者消費者物価指数／CPI-W　　152, 291
　　－高齢者消費者物価指数／CPI-E　　151, 152, 260, 291
　　－都市部消費者物価指数／CPI-U　　291
　　－私のインフレ率／CPI-ME　　154
　　－あなたのインフレ率／CPI-YOU　　154
商品配分戦略　　261
人的資本　　29, 50, 52, 54, 58, 66, 70, 75, 78, 81, 115, 139, 149, 212, 258
生命保険　　38, 66, 140, 235, 289, 293
世界金融不況、金融危機　　42, 58, 118, 137, 203, 241
相関係数　　90, 97, 108, 119, 176

創世記、旧約聖書　　164

た行

体系的引出サービス／SWiP　　180, 214, 245, 261, 264, 268
退職者数／現役労働者数比率　　24
タイタニック・オプション　　234
タルムード　　88
長寿保険　　82, 201, 243, 249, 262, 288
都市部消費者物価指数／CPI-U　　291

な行

長生きリスク　　26, 177, 193, 195, 202, 240, 259, 287, 292
二重不確実性モデル（将来の投資リターンと死亡率の）　　220
ニーズ・資産比率　　216, 220
年金スポンサー　　22
年金凍結　　22, 25, 287

は行

場所の分散　　109, 118, 290
ハムレット　　126
引き出し率　　172, 269, 271
非システマティック・リスク、個別株リスク　　93, 99
複製戦略　　102, 233
負債資本比率　　47, 128
分散の基本法則　　105, 106
平均寿命　　23, 192, 259
ポケット手法、リタイア後インカムに向けたポケット手法、ポケット戦略　　178, 180

ま・や行

モンテカルロ法／モンテカルロ・シミュレーション　　132, 175, 221
ヨセフとファラオ　　164

ら・わ行

ライフサイクル仮説　49
リタイア持続可能性指数／RSQ　269, 271, 276
リタイア戦略の持続可能性、リタイア後インカムの持続可能性　60, 167, 175, 210
リタイアの危険領域　167, 174, 265, 267
リターンの順序リスク　164, 167, 177, 186, 226, 249, 260, 263, 287, 291
レバレッジ　117, 127, 130, 290
私のインフレ率／CPI-ME　154

研究機関等

UBSウェルス・マネジメント研究所　42
ギャラップ　210
国立健康統計センター／NCHS　259
従業員給付研究所／EBRI　22, 210
タワーズ・ワトソン　22
ブルッキングス研究所　55
米国アクチュアリー会　197
米国社会保障庁／SSA　192, 196
ボストン・コンサルティング・グループ　119
マックス・プランク研究所　197
メリルリンチ　155

人名

ケインズ、ジョン・メイナード　88
コルモゴロフ、アンドレイ　225
シェイクスピア　126
セイラー、リチャード　282
トンティ、ロレンツォ　243
ファインバーグ、ケネス　77
ベッカー、ゲーリー　54
ベナルチ、シェロモ　282
マーコウィッツ、ハリー　178
リンチ、ピーター　88

[著 者]
モシェ・A・ミレブスキー（Moshe A. Milevsky）

カナダ・トロントにあるヨーク大学におけるシューリック・ビジネススクールのファイナンス教授であり、同大学院の数学・統計学研究科のメンバーである。また、フィールズ数理科学研究所のフェローでもある。

これまで10冊を超える書籍を執筆し、6カ国語に翻訳されている。また、ウォール・ストリート・ジャーナルやカナダの全国紙であるナショナル・ポスト、その他のメディアに一般読者向けの記事を多数執筆しているほか、60以上の査読学術論文を発表している。

多数の米国特許を有し、リタイア後インカムの計算にイノベーションをもたらしたフィンテック系起業家でもある。最初に立ち上げたソフトウェア会社は、2014年にCANNEXファイナンシャルに売却し、現在はCANNEX社の取締役会メンバーに就いている。

受賞歴：アメリカ保険学会カルプ・ライト・ブック・アワード、ファイナンシャル・アナリスト・ジャーナルのグレアム・ドット賞、インベストメント・アドバイザー誌による金融アドバイザリー・ビジネスで最も影響ある35人、リタイアメント・インカム・インダストリー・アソシエーションによる生涯功労賞

[監訳者]
鳥海智絵（とりうみ・ちえ）

1989年野村證券入社後、トレーディング、米国留学、商品開発、投資銀行、経営企画など、金融サービスを構成するさまざまな分野を経験。野村信託銀行社長を経て、2018年4月より野村證券専務執行役員営業部門 企画統括。資産管理に求められる姿が大きく変わっていく中で、顧客に求められる質の高いサービスを提供すべく野村證券リテール部門を変革する役割を担っている。

[訳者]
野村證券ゴールベース研究会

10年以上前からフィーベース・ビジネスモデルや行動ファイナンスの米国での取り組み、実務的アプローチを調査・研究している。現在はコンサルティング営業の新しい形としてゴールベース・アプローチの理解・適用・浸透を担う、組織横断的なグループ。訳書に『ゴールベース資産管理入門』（2016年、日本経済新聞出版社）がある。

人生100年時代の資産管理術

2018年7月24日　1版1刷

著　者	モシェ・ミレブスキー
監訳者	鳥海智絵
訳　者	野村證券ゴールベース研究会
発行者	金子 豊
発行所	日本経済新聞出版社
	東京都千代田区大手町1-3-7　〒100-8066
	電話 (03) 3270-0251 (代)
	https://www.nikkeibook.com/
装　幀	梅田敏典デザイン事務所
本文DTP	朝日メディアインターナショナル
印刷・製本	三松堂

ISBN978-4-532-35781-8

本書の無断複写複製（コピー）は、特定の場合を除き、著訳者・出版社の権利侵害になります。

Printed in Japan